国家民委中青年英才计划资助
国家社科基金项目（12BXW028）
教育部人文社科项目（12YJA630174）

Waibu Huanjing de Fengxian Chengdu dui Gongyinglian Yunzuo de Yingxiang Yanjiu

——Jiyu Qiyue he Yingji de Shijiao

外部环境的风险程度对供应链运作的影响研究

——基于契约和应急的视角

姚 珣／著

西南财经大学出版社

图书在版编目(CIP)数据

外部环境的风险程度对供应链运作的影响研究:基于契约和应急的视角/姚珣著.—成都:西南财经大学出版社,2015.11
ISBN 978-7-5504-1958-2

Ⅰ.①外… Ⅱ.①姚… Ⅲ.①供应链管理—研究 Ⅳ.①F252

中国版本图书馆 CIP 数据核字(2015)第 124311 号

外部环境的风险程度对供应链运作的影响研究
——基于契约和应急的视角
姚 珣 著

责任编辑:李 才
助理编辑:陈丝丝
封面设计:墨创文化
责任印制:封俊川

出版发行	西南财经大学出版社(四川省成都市光华村街 55 号)
网　　址	http://www.bookcj.com
电子邮件	bookcj@foxmail.com
邮政编码	610074
电　　话	028-87353785　87352368
照　　排	四川胜翔数码印务设计有限公司
印　　刷	四川五洲彩印有限责任公司
成品尺寸	170mm×240mm
印　　张	8.5
字　　数	155 千字
版　　次	2015 年 12 月第 1 版
印　　次	2015 年 12 月第 1 次印刷
书　　号	ISBN 978-7-5504-1958-2
定　　价	49.00 元

前　言

进入21世纪，国际经济和社会环境已经发生了巨变，市场全球化趋势已经非常明显。同时，个体消费的差异化也日益凸显，产品的生命周期正呈现出越来越短的趋势，因此企业或组织面临的外部竞争比以往任何时候都要激烈。在这样复杂的局面下，要想取得竞争优势，仅凭单打独斗已远不能适应时代的要求。取而代之的做法是：把企业作为供应链整体中的一部分去参与这场激烈的竞争。然而如何在这个充满风险的世界里，对不同的风险有合理的预期和感知以便运用合理的策略开展供应链管理，已成为当前迫在眉睫的新课题。

供应链管理，简单地说就是对整个供应链进行计划、协调、操作、控制和优化。它的目标是在满足客户服务的基础上使系统成本最小化。减小外部风险的影响使供应链运作协调是供应链管理的首要任务。契约协调机制作为供应链协调的重要手段早已备受关注。然而随着竞争的加剧，外部不确定性因素的增多，供应链应急管理和伙伴关系研究又逐渐成为新的研究热点。虽然这三方面的研究已经取得了长足的进步，但仍然存在一些尚未解决的问题。目前仍有很多学者和科研机构在积极探索这三方面的新理论和新动向，并取得了一些有价值的研究成果，这些成果将使供应链管理的研究更加深入。

本研究基于风险所引发的不确定性事件的可预测性及其影响，将其分为常规不确定性和异常不确定性，并分别以契约协调机制、供应链应急管理、供应链伙伴关系建设为视角，对两类不确定性条件下如何降低风险、提高供应链绩效进行了深入细致的探讨。

本书的主要研究内容如下：①对目前简单报童模型中缺乏讨论批发价议定的问题进行了探讨，提出了基于双向拍卖机制的供应链回购契约模型。该模型运用静态贝叶斯方法，刻画了供应商和零售商的价格议定过程，给出双方的线性策略空间，并运用回购契约从供应链利润最大化的角度实现了供应链的协调。对模型的理论分析和研究表明，批发价格随供应商的议价能力增大而同步变化，而双方的交易效率则随供应商议价能力的增大而降低。②针对目前的文献多研究单产品供应链问题，研究了供应链在多产品销售情形下，手机市场中出现的间接广告现象。建立了非对称信息下多产品的批发价与订货量的斯坦伯格博弈模型，给出了供应商和零售商在集中决策和分散决策下的博弈均衡，并利用成本估算法得到新品的最优成本。模型研究表明分散决策下零售商的订货量明显低于集中决策下的订货量。同时，通过使用线性价格折扣共享契约（Price-Discount Sharing）可以协调该供应链，并能在供应商与零售商之间任意地划分利润。③对目前供应链应急管理中很少涉及的供应链应急机理问题展开研究。运用非线性动力学中研究流体同步的方法，建立了供应商和零售商在多周期销售中运作协调的动态模型，对供应链应急机理作出讨论。该模型从定量的角度描述了供应商和零售商从运作协调到发生应急事件的全过程，并给出了供应链保持运作协调或发生应急的区间。模型研究表明：在一定的运作范围内，供应链具有自我恢复能力；一旦超出了这个范围，供应链就可能会发生应急事件。并进一步运用锁相原理，给出了应急事件持续时间的求解方法。④对目前供应链应急管理主要针对事后恢复，很少涉及预案管理的问题，构建了基于新消费者行为理论和分级思想的供应链应急预案管理。该预案提出了估计供应链应急损失的新方法——通过该方法能够比较容易地算出供应链应急损失值。然后把该值与应急预案的阀值进行比较，可确定供应链应急预案的启动时机。模型研究表明：随着供应链应急事件的逐步升级，消费者应急时间的投入量与损失都在增加。这会影响消费者的购买能力，从而使得供应链的期望损失变大。当供应链的期望损失超过某一阀值时，供应链应从当前的预案跃升到下一级预案，以加大监控力度和应对能力，减小供应链损失。⑤针对目前供应链管理中对不确定性风险的控制主要还是借助于外部手段这一局限，提出从供应链的内部结构着手，通过加强供应链伙伴关系建设，以减小不确定性对供应链的负面影响。从资产专有性的角度出发，利用微分对策论，构建了合作状态下供应链伙伴关系与其利润分配的动态模型；并运用博弈论方法对“供应链伙伴关系”与“契约执行力”间关系进行了讨论。研究表明：策略组合（建立良好的伙伴关系，按照约定执行契约）是该博弈的一个占优均衡，这暗示建立良好的伙伴关系对于提高供应链绩效、抵抗不确定性带来的风险有重要作用。

本书的研究和编写过程中，重点主要体现在以下几个方面：①运用双向拍卖机制来刻画供应商与零售商的议价过程，并构建了基于双向拍卖机制的供应链回购契约。②针对手机市场中出现的间接广告现象，研究了多产品销售条件下供应链新产品成本估算以及协调问题。③应用非线性动力学中研究流体同步的方法，建立了供应商和零售商在多周期销售中运作协调的动态模型。该模型从定量的角度描述了供应商和零售商从运作协调到发生应急事件的全过程，并给出了应急事件持续时间的求解方法。④利用应急管理中的分级思想和新消费者行为理论，提出了应急事件下估计供应链损失的新方法，并在此基础上构建了具有动态管理特征的供应链应急预案。

目　录

第一章　概述

1.1　引言

进入21世纪，国际经济和社会环境发生了巨变，人类社会已步入后工业时代，并加速向知识经济时代迈进。主要表现为：贸易全球化；生产国际化；信息技术日益普及；跨国公司飞速发展。外部环境的变化，给企业的生存和发展提供了更多的机遇与挑战：一方面企业将面临更大的市场，也就意味着更多的商机；另一方面他们将会面对更多的竞争对手。此外，随着市场全球化的进一步加剧，以及个体消费差异的日益凸显，产品的生命周期呈现出越来越短的趋势，因此企业或组织面临的外部竞争比以往任何时候都要激烈[1,2]。因为他们已经步入一个竞争日趋激烈、外部不确定性不断增加的大市场。这使得企业不得不重新审视自己的发展计划和运作策略[3,4]。

在这样复杂的局面下，企业决策者逐渐意识到，要想取得竞争优势，仅仅靠过去的单打独斗已经远远不能适应时代的要求。取而代之的做法是：让企业作为供应链整体中的一部分去参与这场激烈的竞争。因而市场上的竞争主体已由过去企业与企业之间的竞争，演变为供应链与供应链之间的竞争。如何在充满不确定性的市场环境下有效地开展供应链管理研究，已成为迫在眉睫的新课题。

1.1.1　供应链

供应链（Supply Chain）概念出现于20世纪80年代末，其源头可以追溯到迈克尔·波特（2005）[5]在《竞争优势》中提出的“价值链”（Value Chain）概念，但到目前为止，关于供应链还没有一个普遍认同的涵义。众多学者从不同的角度给出了自己的观点。

早期的观点认为：供应链是制造企业中的一个内部过程，它是指企业利用原材料、零部件，通过生产转换与销售等活动，把产品传递给最终用户的过程。

如 Stevens（1989）[6]认为："供应链是通过前馈的物料流和反馈的信息流，将材料供应者、产品生产者、配送服务中心和顾客连成一体的系统。"

Lee、Billington（1993）[7]认为："供应链是由原材料获取并加工成半成品或成品，并将成品送到顾客手中的一些企业或部门组成的网络。"

Lummus、Volkurka（1999）[8]认为："供应链涉及从原材料开始直到将最终产品送给顾客的所有活动，它包括获取原材料与部件、制造与装配、仓储与库存追踪观察、订单进入与订单管理、把最终产品传递到顾客手中等活动。"

近年来，随着全球经济一体化步伐的加快，使得供应链更加注重围绕核心企业来组建网链关系。在这种关系下，供应链中企业间的关系，既不同于传统"纵向一体化"所导致的上下级关系，也不同于一般贸易所导致的临时伙伴关系，而是一种基于"横向一体化"，建立在信任基础上长期稳定的战略合作伙伴关系。

如马士华、林勇（2000）[9]认为："供应链是围绕核心企业，通过对信息流、物流、资金流的控制，从采购原材料开始，制成中间产品以及最终产品，最后由销售网络把产品送到消费者手中的将供应商、制造商、分销商、零售商，直到最终用户连成一个整体的功能网链结构模式。"

清华大学刘丽文（2003）[10]对各种定义进行综合分析之后，提出："供应链是由原材料及零部件供应商、生产商、批发商、经销商及运输商等一系列企业及最终消费者组成的网络系统。原材料及零部件依次通过"链"中的每一个企业，逐步变成产品，产品再通过一系列流通配送环节，最后交到消费者手中，这一系列活动就构成一个完整供应链的全部活动。供应链管理的思想是把整条"链"看成一个集成组织，把"链"上的各个企业都看作合作伙伴，对整条"链"进行集成管理。供应链管理的目的主要是通过"链"上各个企业间的分工与合作，致力于整条"链"上物流、商流（链上各个企业之间的关系形态）、信息流和资金流的合理性和优化配置，从而提高整条"链"的竞争力，实现供应链整体绩效最优。"

此外，许多国外大公司也从实践的角度，证明了这种围绕核心企业组建的网链关系。例如：苹果、丰田、耐克、飞利浦、尼桑和麦当劳等，他们的供应链大多围绕核心企业以网链的方式进行组建，而且这些公司非常重视在供应链中加强合作伙伴关系的建设。如迟晓英（2000）[11]在综述中指出，飞利浦公司认为加强供应链中合作伙伴关系建设是很重要的，通过建立合作伙伴关系，可以在重要的供应商及客户间更有效地开展工作。

从上面列举的定义和实例可以看出，尽管各国学者探讨的角度有所不同，但是这些定义中存在着一些共性的东西。那就是在供应链中，包括直接或间接满足顾客需求的所有环节。它是围绕核心企业，通过对信息流、物流、资金流的控制，从原材料采购开始，到制成中间产品以及最终产品，最后由销售网络把该产品送到消费者手中，并将供应商、制造商、分销商、零售商直到最终用户连成一个整体的功能性网链结构。

范林根（2007）[12]指出在该结构中合作是前提，契约是供应链网链连接的纽带。因为供应链中的每个企业作为“理性个体”，都希望通过合作来增加自己的收益，同时又必须防范别的企业利用“搭便车的机会”来损害自己的利益。因此，企业之间的信任和合作不能仅仅建立在道德基础上，必须通过适宜的机制来对企业的行为加以约束和规范。这种机制不仅影响企业的决策行为，而且决定了企业间利润和风险的分配关系。目前，这种最适宜的机制就是契约。供应链企业通过缔结相应的契约，可以规范各自的决策行为，并使之统一在整体最优的框架内。

在一条典型的供应链中，应包括原材料、供应商、制造商、分销商、零售商和终端顾客等（如图 1-1 所示）。在该系统中物流从顶端的供应商一直流到最终的顾客，而信息流则在各节点中双向流动，同时伴随着资金流与工作流的流动。

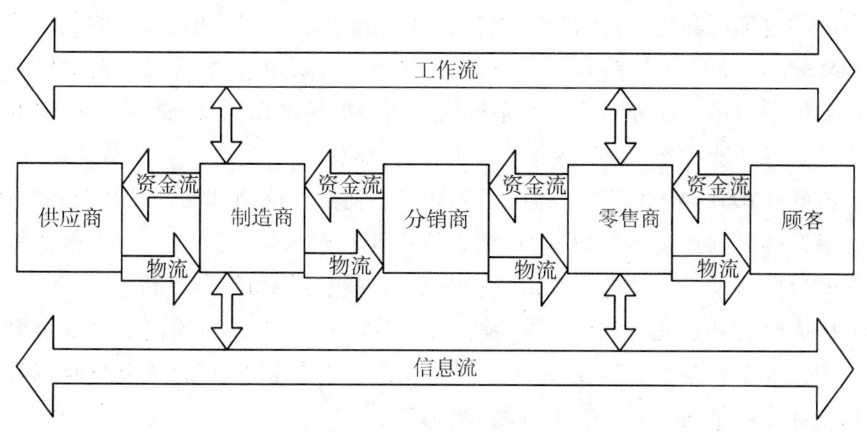

图 1-1　供应链组成图

1.1.2 供应链管理

由于供应链中每一个环节都由一些相对独立的企业构成，因此他们在单独决策时常常具有不同甚至相互冲突的目标和策略。例如，供应商通常希望制造商能够定期、大量地采购，同时又希望交货时间能尽量灵活一些。然而不幸的是，尽管大多数制造商也希望能实施长期稳定的生产策略，但是他们更需要生产方面的灵活性，以满足市场不断变化的需求。供应商的目标与制造商对灵活性的期望在此刻就产生了直接的冲突。面对这种两难局面，供应链要想取得良好的绩效，就必须通过某种方式，在一定的条件下，把这些不同的目标统一在供应链整体最优的大目标下。基于这种集成化的管理思想和方法，逐渐地诞生了供应链管理思想（Supply Chain Management，SCM）。但在不同的时期，国内外学者对它的理解有所不同。

例如：Thomas、Griffin（1996）[13]的定义为："SCM 是设施内部和设施之间，例如供应商、制造商与装配工厂和配送中心，物料和信息的管理。"

Cooper、Lambert（1997）[14]的定义为："SCM 是从最终用户到提供产品、服务和信息以及增加客户和其他利害关系者价值的原始供应商关键经营过程的集成。"

Monczka、Morgan（1997）[15]的定义为："SCM 是从外部顾客出发，然后管理所有的需要提供顾客价值的各种横向过程。"

Cachon（1998）[16]将其定义为："SCM 是应用系统的方法来管理从原材料供应商通过工厂和仓库直到最终顾客的整个信息流、物流和服务流的过程。"

Mentzer（2001）[17]将其定义为："SCM 是为了改进各个公司和整个供应链的长期绩效，传统业务功能方面系统的、战略的协调以及某一特定公司内部整合这些业务功能和 SC 内部整合这些业务的策略。"

Pyke（2001）[18]将其定义为："SCM 是指对从供应商开始，经制造和配送，到达最终顾客的穿过整个 SC 的物流、信息流和资金流的管理。它还包括售后服务和反向流动，如处理顾客退货和重复利用包装物和废弃产品。"

国内学者刘丽文（2003）[10]在谈论供应链的定义时，也给出了供应链管理的思想是要把整条"链"看成一个集成组织，把"链"上的各个企业都看作合作伙伴，对整条"链"进行集成管理。

此外，Stephen（1996）[19]将供应链管理的研究领域划分为：企业供应链管理（如沃尔玛公司的供应链）、产品供应链管理（如某类 IT 产品的供应链）和供应链契约。在实际的研究中，上述三个领域的界限显得非常模糊，常常有重叠或交叉的部分。

虽然上述定义从集成化的角度反映了供应链管理的特征，但是它们没有凸显供应链的“竞合”关系，特别是供应链中的个体企业为了使整体绩效最优，就必须在加强自身核心竞争力的同时，通过协调与优化来整合供应链的资源。所以，本书倾向采用 Simchi（2000）[20]的定义：SCM 就是对整个供应链进行计划、协调、操作、控制和优化的各种活动和过程，其目标就是把顾客所需的产品能够在正确的时间，以正确的数量、正确的质量和正确的状态送到正确的地点，从而实现在满足服务水平的同时使系统成本最小化。这个定义的前半部分主要体现了集成化思想，也就是竞合关系中的“合”，后半部分体现了供应链应该以客户为重，从侧面强调了企业间的“竞”。

能否在恰当的时间、地点，将质量合格、数量恰当的商品用以满足不确定性逐渐扩大的市场，这依托于系统的决策，并对供应链能否获得竞争优势至关重要。而供应链系统的决策过程，是一个复杂的过程。它受到供应链自身结构与外部不确定性的双重影响。其中，外部不确定性的影响将在下一节详细讨论。而供应链自身结构对决策过程的影响，可从供应链对市场需求的响应过程来进行讨论。下面通过一个实例来剖析这个过程。

在一条典型的供应链中，上游企业向下游提供产品或者服务以满足下游环节的需求时，必须经过采购（Source）和/或制造（Make）和/或配送（Deliver）三个基本流程（如图 1-2 所示）[21]，供应链参考模型 Supply Chain Operations Reference（SCOR）。

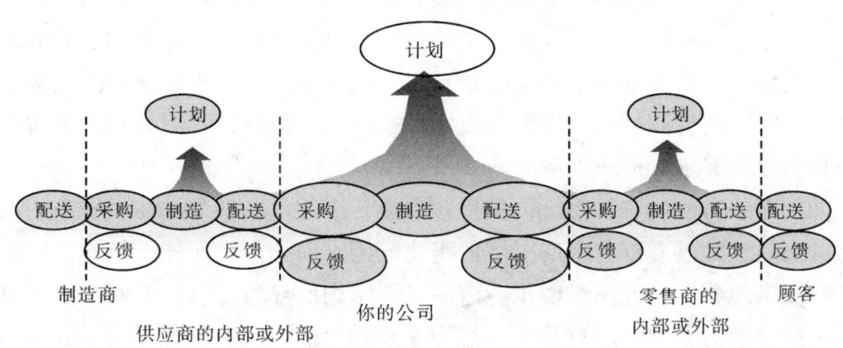

图 1-2　SCOR 供应链参考模型

由于各个环节提供产品的特性有所不同，这也就决定了各个企业可以采用不同的采购、制造和配送方式（如图 1-3 所示）[21]。图中的制造方式包括：按库存生产（Make-to-Stock）、按订单设计（Make-to-Order）和按订单生产

(Engineer-to-Order)；常用的采购方式包括：按库存产品采购（Source Stocked Prouduct）、按单设计的产品采购（Source Make-to-order Product）以及按单制造的产品采购（Source Engineer-to-order Product）；配送方式包括：按库存产品配送（Deliver Stocked Produt）、按单设计的产品配送（Deliver Make-to-order Product）、按单制造的产品配送（Source Engineer-to-order Product）和按零售产品配送（Deliver Retail Product）。

不同节点间采购、制造与配送方式的多样性，再加上外部不确定性的影响，导致供应链的决策非常复杂。这种复杂性将可能引发分岔、混沌等复杂现象。对此，研究者已在许多模型中得到证实。例如：Kopel（1997）[22]通过初始库存策略对均衡市场的混沌控制问题进行了研究。Agiza、Hegazi（2001，2002）[23,24]研究了在需求函数是非线性情况下，决策者随市场反应速度的变化而对策略进行调整，系统会出现混沌现象。国内的闫安、达庆利（2006）[25]研究了耐用品的古诺动态博弈模型，并对合作和非合作形式下的产量均衡结果进行比较，得出的结论是：合作情况下的产量更高。姚洪兴、徐峰（2005）[26]把有限理性的概念引入广告竞争，研究了双寡头有限理性广告竞争博弈模型的复杂性，发现随着博弈者对市场适应速度的加快，系统会出现混沌现象。Yao、Tang（2007）[27]研究了能源需求上涨环境下的双寡头重复博弈模型，研究表明：如果某寡头企业单方面扩大自己的生产规模，而其他条件保持不变，那么该企业在短期内可能获得更高的产量和利润，但这会导致整个系统不稳，从而引起分岔，使系统陷入混沌状态。路应金、唐小我（2006）[28]把牛鞭效应的形成过程描述成系统内部的非线性机制，并应用非线性理论对牛鞭效应的产生机理进行深入的研究。研究表明：牛鞭效应与蝴蝶效应具有同样的自激放大机制。在受到零售商需求信息的偏差扰动时，供应商的订货决策会自激放大这些扰动。同时，制造商的周期性低价促销，也会使零售商订货决策随产品价格波动而自激放大需求，形成牛鞭效应。

如何有效防止供应链系统的分岔、混沌等上述复杂现象，使系统趋于稳定和持续高效，是供应链管理所关注的重要问题。而如前文所述，供应链中出现的这些复杂现象，一方面是由供应链的复杂结构所导致，另一方面是由于受到外部不确定性的影响。通过分析以往的文献和案例，可以发现外部不确定性的确是导致这些复杂现象的重要原因。因此在外部不确定性下对供应链管理加以研究就显得十分必要。

1.1.3 供应链的不确定性

不确定性（Uncertain）又称为不肯定性，是指事物或过程中不具有确定的

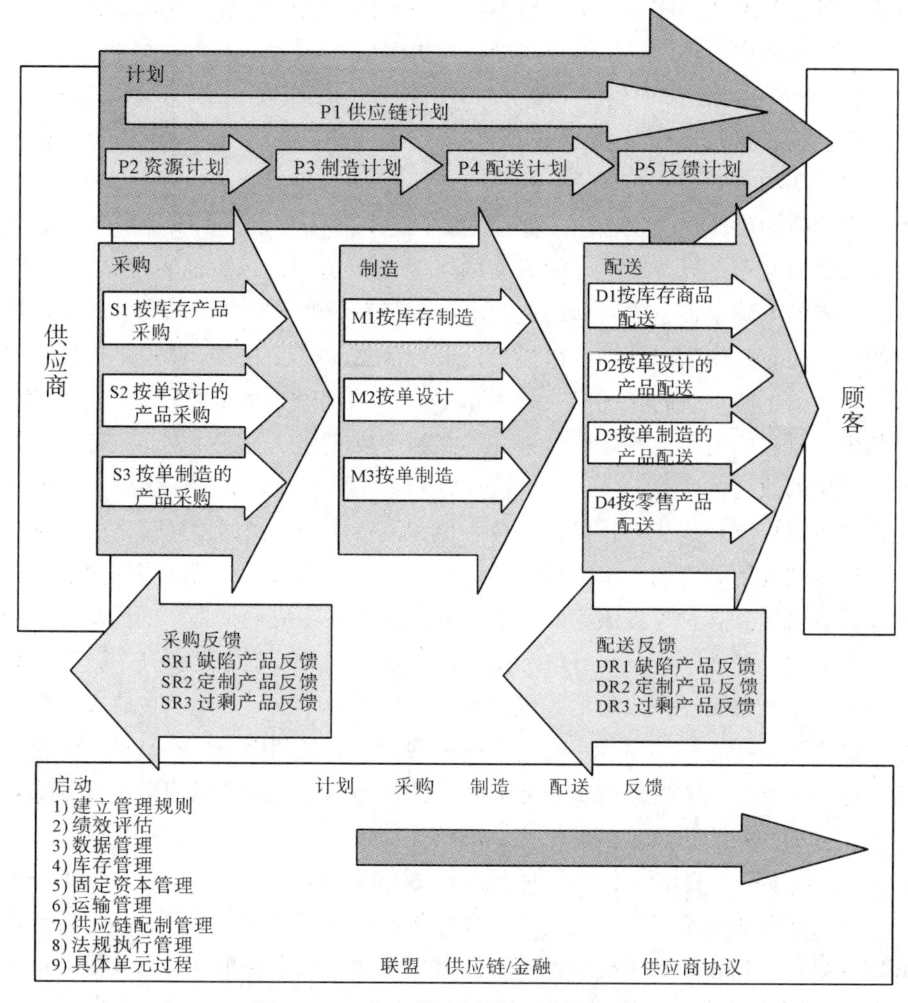

图 1-3 SCOR 供应链管理的基本流程

性质。这表明人在事物的发展过程中，对事物的衍生规律和未来的结果还认识不清。如果没有不确定性，未来和现实的界线将变得很模糊，生活从此没有了惊讶，人们不需要对未来进行预期，只需要按部就班地运行，就一定能够有所收获。因为一切事情都在我们的计划之中。但是现实告诉我们，不确定性和我们的生活如影相随，它充斥着人类活动的方方面面。

由不确定性所引发的不确定性现象是自然界中两种最基本的现象之一，另一种是确定性现象。通常认为，不确定性现象具有如下特点：它的初始状态常常能被人们所感知，但是未来状态却难以确定。在供应链中不确定性现象非常普遍，且表现形式多样，如果处理不好，会对供应链产生很多负面影响。

对供应链中的不确定性进行划分，有很多形式。

（一）按供应链中的主体来划分

它包括以下几个方面：①供应商的不确定性：主要指供应商的选择，以及供货提前期的不确定性，订货量的不确定性等。造成这种情况的原因是多方面的，供应商的生产系统发生故障导致生产延迟，供应商的上游企业没有按时交货导致供应延迟，以及交通运输方面的问题导致运输延迟是最为常见的原因。②生产者的不确定性：主要指制造商本身生产系统的可靠性，以及生产计划执行的偏差等。其中生产计划执行偏差是最为常见的，因为生产计划是根据历史数据、当前生产系统的状况以及未来市场发展情况做出的对生产过程的预期，但是生产过程的复杂性使生产计划并不能精确反映企业的实际生产条件及市场环境发生的改变，所以不可避免地造成计划与实际执行的偏差。③顾客的不确定性：主要指顾客购买力，以及消费心理和消费偏好方面的差异带来的不确定性。通常情况下顾客的需求会按照一定的规律表现出来，但是这些规律通常比较脆弱，会受到各种外界因素的影响，从而影响顾客的购买力，反过来又影响供应链的生产绩效。④外界环境和供应链企业之间的不确定性。其中，外界环境的不确定性主要受国家政治、经济政策，以及国际贸易环境和自然灾害的影响。供应链企业之间的不确定性，集中体现在企业之间因信息不对称、道德风险、逆向选择等因素使供应链企业间缺乏信任与沟通，致使供应链企业在决策时以自身的利益为主，破坏了供应链的整体绩效。

（二）按照不确定性事件在供应链中发生的领域划分

它可以分为供需过程不确定性事件、物流领域不确定性事件、制造过程不确定性事件、销售领域不确定性事件、创新领域不确定性事件，以及供应链的外部环境不确定性事件等。

①在供需过程中，订货提前期的变动、产品质量的非正常波动，以及商品价格的变动，客户订单的变更等，都可能引起供需脱节，从而引发供需过程中的不确定性现象。其中，订货提前期的变动是引发供需不确定性现象的主要原因。通常订货提前期是指零售商（或制造商）向制造商（或供应商）发出订单开始，直至零售商（或制造商）收到产品为止的这段时间间隔。诱发订货提前期变动的因素很多，主要包括上游生产时间的不确定、运输时间的不确定、产品质量问题等。

②物流领域主要包括仓储、运输、配送等基本活动。其中运输与配送环节，常常需要外部运输公司、第三方物流企业来协作供应链共同完成任务。但

是由于这些外部企业与供应链之间不具有直接的上下级关系，因此这些企业的任务完成情况对供应链来说便是不可控的，外加企业间在管理水平、信息化水平以及服务水平上也存在着一定的差异，都可能导致货物在保存和运输过程中，发生意外损坏或延误，并最终导致货物不能按时送到订货人的手中，引发物流领域中的不确定性现象。

③在制造过程中，由于货源短缺、机器故障、制造计划的临时调整，以及设计工艺中固有的缺陷等，都可能影响最终产品的质量、数量以及交货期等，并引发制造过程中的不确定性现象。

④在销售领域中，时间和市场情况可以说是引发销售不确定性事件最直接的原因。此外，可替代产品的价格、汇率变化、公司的销售策略、通货膨胀率、关键零部件的短缺与过剩、公司的信誉以及产品评价指标变化都可能导致销售不确定性事件的发生。

⑤创新领域主要包括：技术创新与服务创新。其中，技术创新是指将新技术转化为商品，从而通过市场转化实现其内在的价值，获得经济效益的过程与行为。而服务创新是基于技术支持上的概念创新、顾客界面创新以及服务传递创新等。由于技术创新与服务创新都可以给企业带来巨额的回报，为了获得持续、稳定的发展，很多企业都愿意在创新方面投入大量的人力与物力。供应链企业也不例外。由于供应链包括了采购、生产、销售的全过程，所以供应链中经常会出现技术创新与服务创新相互交织的现象。但是由于技术创新、科技成果的转化以及服务创新都存在着巨大的风险，所以企业在创新方面的投入可能会引发创新领域中一系列的不确定性现象。

⑥供应链的外部不确定性，通常由原材料行情的变化、人力资本的变化、外部突发事件的爆发、利率和关税的变动以及国家宏观调控政策的变化所引起。此外，时间或节气的变化，也是引发外部不确定性的重要原因。如美国零售市场的圣诞销售期，中国的“十一黄金周”、春节长假等，在短短的一个销售期内，某些商品的销售量会占到全年销售额的一半以上。如果相关企业没有提前做好商品销售准备，就会严重影响企业全年的销售计划。外部环境变化常常会影响消费者的消费偏好，如最近突然爆发的金融风暴，就严重地影响了消费者的消费行为，并致使很多企业举步维艰。由于这些外部不确定性引发的不确定性现象对供应链的影响巨大，所以有必要对它们进行相关的研究。

（三）根据贾江鸣（2008）[29]按照不确定性现象发生的频率分为：

①发生频率较高的不确定性现象，其主要包括：供货提前期的变动、客户订单的临时变更、货物保存和运输过程中引发的意外损坏、运输时间的变更、

第三方物流配送机构计划的调整、制造设备的意外损坏、制造计划的临时变更、制造工艺的改动、原材料和外部构件的变更、价格与质量的非正常波动、外部原材料市场的波动、由促销和节气变化所导致的需求变更、人力资本的价格波动、批发商非计划内地囤积货物引发的突发性需求。②发生频率低的不确定性现象，其主要有：突发性贸易壁垒、汇率突变、国际金融危机、供应链领域的突发事件、节点企业间业务的临时调整。

（四）按照不确定性事件对供应链性能的影响可分为：

①对供需数量方面的影响：原材料和外购部件质量的非正常波动、商品价格的非正常波动、顾客订单变更、生产计划的变更、生产设备的损坏、货物在存储和运输过程中的损耗、批发商非计划地囤积货物引发的突发性需求。②对时间方面的影响：供货提前期的变更、供应商交货期的变更、运输货物时间表的变更、生产计划的变更、外部环境的变化所导致的需求期提前。③对成本方面的影响：外部原材料价格的波动、人力资本价格的波动、能源价格波动、汇率变动、利息变动、突发性的贸易壁垒、关税的变动、国家宏观政策的影响。

上述这些分类虽然有一定的道理，但是在实际应用中，特别是研究供应链的不确定性现象时，遇到一些建模的困难。基于此，本书提出了一种新的分类方法，把供应链中的不确定性现象分为两类。一类叫做常规的不确定性现象（以下简称常规的不确定性），就是说这类不确定性现象可以被预测。我们可以利用以往的历史数据来预测它们未来的变化趋势，甚至可以用随机变量的分布情况对该不确定性进行较为精确的刻画。例如，文献中常用一个已知分布函数的随机变量来代表市场的需求情况，就属于此类情形。另一类叫异常的不确定性现象（以下简称异常的不确定性）。由于这些不确定性现象发生的概率较小，且事件发生具有突然性和不稳定性，因此关于它们的历史数据比较缺乏，规律也难以认清，因此没法预测。而异常的不确定性是引发供应链应急事件的重要原因。

由于这两类不确定性现象的性质差异很大，因此在供应链管理中处理的方式也有很大不同。对于常规的不确定性，可以通过契约机制来协调供应链。因为通过契约，一方面可以分担成员间的市场风险，调整各自的激励关系；另一方面可以减少这种不确定性带来的负面影响，从而提高供应链的整体绩效。当然天有不测风云，当面对异常的不确定性时，由于该类不确定性超出了供应链的可控范围，所以很容易导致供应链应急事件的发生。例如，“非典”流行造成国内很多药店的呼吸道药品脱销，产品需求量急剧增加；“5 · 12”汶川地震造成很多商品供需脱节。由于这些应急事件发生得突然，如果企业缺乏适当的应急管理措施，将会给供应链造成很大的损失。综上可知，针对这两类不确定性现象，很有必要深入对供应链的契约协调机制和应急管理进行研究。

1.2　供应链契约机制综述

供应链管理包括了对整个供应链进行计划、协调、操作、控制与优化的各种活动与过程，它的目标就是将满足客户需求的商品在正确的时间、正确的地点，以正确的数量准确无误地送到客户的手中，同时要使供应链整体的成本最小。要实现这个目标，就离不开协调。

从经济学的角度来讲，协调就是指资源配置的方式。不论是个体还是组织，只要他从事经济活动，必然要面临一系列的资源配置问题，包括：生产什么、使用何种资源进行生产、生产多少、产品针对的消费群体是什么等问题。由于现代社会高度发达，社会分工精细，个体与个体之间的依存关系明显，且个体的最优决策所决定的资源配置，不一定在社会这个层面达到最优，所以为了使个体的资源配置在社会层面上也达到最优，就必须要进行协调，通过合理的信息共享、风险分担、共同协作以达到合理配置资源的目的。

从管理学的角度来讲，“协调是管理的核心”。管理者通过协调来消除或减弱个体在决策方式、决策时机、利益感受以及努力程度等方面所存在的差异，并把个体的目标统一在整体利益最大的框架下进行运作。由于个体之间相对独立，他们对共同利益、整体目标有着不同的理解，而且即使理解达到了一致，他们为了整体目标所采取的各种活动与努力也需要别人的配合。这一切就决定了协调在管理中的核心地位。

由此可见，不论从经济学层次上看，还是从管理学层次上看，它们对协调的解释并没有本质的区别。协调就是通过一定的手段，不仅使个体自身感受到其他个体的影响，而且也让其他个体感受到它的影响，并且双方为此做出适当的调整，以便个体和整体都达到更有效率的状态。

由于供应链中各个体相对独立，且它包含了从原材料供应商、生产厂商、批发商、零售商直到最终顾客的整个信息流、物流和服务流的集成，所以若没有一定的协调机制，很难保证个体的最优决策组合与整个供应链系统的最优决策组合相一致。因此从供应链的本质来讲，它的核心就是协调。通过协调，供应链可以合理改进资源的配置与运作结构，从而减少不确定性带来的负面影响。良好的协调机制既能调动合作企业的积极性，又能实现供应链的整体效益，可以最大限度地提升供应链的综合竞争力。

供应链协调的研究动机来自于 Forrester（1958）[30] 发现的工业动态（Industrial Dynamics）现象。这种现象是指导致工业组织低效的需求信息放大、延迟和振荡的情形。在库存管理的研究中，Sterman（1989）[31] 通过“啤酒分销博弈”验证了这种现象，并将其解释为供应链系统成员的非理性行为所致。Lee、Padmanabhan（1997）[32, 33] 对需求逐级放大现象进行了深入研究，将其定义为“牛鞭效应（Bullwhip Effect）”或“福勒斯特效应（Forrester Effect）”，并将其产生的原因归结为四个方面：需求预测（Demand Signaling）、批量订货（Order Batching）、价格波动（Price Fluctuation）和短缺博弈（Shortage Game）。供应链协调的目标就是减少需求的不确定性，从而达到改善和优化供应链整体绩效的作用。

供应链契约是供应链协调中最为常用的手段。通常，契约是指通过合适的信息与激励机制来保证交易顺利，同时优化业绩，明确各自权利与责任关系的相关文件及条款。契约理论认为企业内部或者企业之间的契约可以直接决定资源的配置方式。如果契约所规定的协调机制能使供应链的活动满足纳什均衡，则说明契约起到了协调供应链的作用，因为在纳什均衡下，理性的供应链成员不会偏离最优的行为。

由于供应链契约的可操作性强，且形式灵活，所以一直被学术界和业界所推崇。特别是在常规的不确定性下，契约理论研究取得了丰硕的成果。实践中，很多企业也逐渐认识到：通过制定有效的契约，供应链整体绩效可以得到显著改善，而供应链成员间的合作伙伴关系也可以通过契约得到保护和巩固。即使供应链契约不能使供应链达到最好的协调，但也可能达到帕累托（Pareto）最优，可以保证每一个成员的利益至少不比原来差。

因此，接下来主要从契约的角度来回顾供应链协调管理研究的现状。由于本书主要考虑不确定性下的供应链协调机制研究，所以文中基本没有考虑确定需求下的相关文献，契约综述的研究主要是针对随机需求的情况。在讨论契约之前，我们有必要先回顾一下报童模型，也称“报童问题（Newsvendor Problem）”。因为报童模型是我们开展契约研究的一个基础。

1.2.1 报童问题

对于“报童问题（Newsvendor Problem）”，其研究的历史较长，最早可以追溯到 1888 年，Edgeworth 把这一模型运用到银行现金流的管理中。但是当时并没有引起人们足够的认识，直到第二次世界大战后才真正受到学术界的广泛重视。近年来随着供应链管理的兴起，特别是契约协调手段的广泛运用，报童模型作为一种基本的研究模型，频繁地出现在各种供应链的研究文献中，因此有必要对报童模型的现状和发展情况做一个简要的回顾。

报童模型作为一个有名的运筹学模型，根据钱颂迪主编的运筹学教材对于报童模型的描述：报童每天销售报纸的数量是一个随机变量，报童每售出一份报纸赚 k 元，如果报纸没能售出，每份赔 h 元。每日售出报纸份数 r 的概率 $P(r)$ 根据以往的经验是已知的，问：报童每日最好准备多少份报纸？

由于报童模型具有结构简单、条理清晰的特点，所以该模型被大量地应用于供应链管理中，特别是易逝品（Perishable Products）的研究中。易逝品也被称为易变质产品、时效品或季节性产品等。由于易逝品具有需求不确定、生产提前期长、销售周期短、期末没售出的产品残值低等显著特点，这些特点与报童模型非常吻合——报童模型中，报纸本身即可看作一种易逝品。而且近年来，随着社会和科技的发展，人们生活水平不断提高，消费者的需求越来越突出个性化和多样化，这促使越来越多的产品更新换代不断加速，产品的生命周期越来越短，这使得很多商品都具有一定易逝品的特征。例如：高科技的电子产品（电脑和手机等数码类消费品）、时装、玩具、易腐蚀物品（加工后的食品、鲜花、海鲜等）、图书杂志报纸、航班的机票、演唱会门票、各种节日礼物等。可以毫不夸张地说，在我们的现实生活中，易逝品随处可见。

从上面的描述可以看出，报童模型体现出以下特点：①报童模型自身并不复杂；②该模型在现实生活中应用前景较为广泛。最初建立报童模型，只是为了提供一种解决需求为随机状态，零售商根据产品的销售预期来决定产品订购量的理论工具。随着社会和科技的进步，该模型越来越成为供应链管理中契约分析的基本模型。

在基本报童模型中，暗含了这样一个前提：那就是报纸的市场需求是不确定的，但报童可以根据以往的经验来推测报纸的需求分布。报童在销售期来临之前，向报纸供应商订购单一品种的报纸，在销售期中，他没有机会更改报纸订购量，在销售期结束后，没卖出的报纸将以非常低廉的价格进行处理。因此，为了获得最大的收益，报童就必须在销售期来临前，确定自己的最优订购量。因为过多或过少的订货量都会给报纸的销售造成困难，从而影响报童的期望收益。如果我们把报童换成零售商，报纸供应商换成供应商，把销售报纸改成销售易逝品，那么该模型就变成了供应链中销售易逝品的基本模型。我们用下面的数学模型对报童模型做简单的描述：

假设存在单一供应商和单一零售商的易逝品供应链。零售商面对随机的市

场需求 x。在销售季节来临之前，零售商可有一次向供应商订购单一产品的机会，在销售季节结束之前，零售商没有再次订货的机会。销售季节结束后，零售商将以非常低廉的价格处理没卖完的商品。

零售商的采购成本为 c；

零售商的定购量为 q；

市场销售价格为 p；

季末没有销售出去的产品残差值为 v，$(v < p)$；

随机变量 x 的概率分布为 $F(x)$；

随机变量 x 的概率密度函数为 $f(x)$。

其中，$(v < p)$ 是为了促进剩余产品的销售。零售商期望的销售利润为：

$$\pi(q) = p\int_0^q xf(x)dx + pq\int_q^{+\infty} f(x)dx + v\int_0^q (q-x)f(x)dx - cq \tag{1-1}$$

对式（1-1）中的 q 求一阶导数有：

$$\pi'(q) = p - c - (p - v)F(q) \tag{1-2}$$

对式（1-1）中的 q 求二阶导数有：

$$\pi''(q) = -(p - v)f(q) < 0 \tag{1-3}$$

由于二阶导数小于零，所以零售商的期望利润 $\pi(q)$ 在 $q = q^*$ 时存在最大值，q^* 是在一阶导数为零时求得的。

令式（1-2）的左边为零有：

$$p - c - (p - v)F(q) = 0 \tag{1-4a}$$

求解式（1-4a）有：

$$q^* = F^{-1}\left(\frac{p-c}{p-v}\right) \tag{1-4b}$$

从上面的分析可以看出，报童模型从某种意义上来说，是易逝品零售商在面对随机需求时，决定最优订购量的数学模型。随着研究的深入，人们对报童模型进行了一些扩展，主要有以下几个方面：

①扩展到不同目标和效用的函数；

②扩展到不同的供应商定价策略；

③扩展到不同的报童模型定价策略和折扣结构；

④扩展到随机领域；

⑤扩展到相关需求的不同信息状态；

⑥扩展到带约束的多产品问题；

⑦扩展到可替代的多产品问题；

⑧扩展到多层结构系统；

⑨扩展到复合定价模型；

⑩扩展到多阶段，零售商可以有多次订货机会；

⑪扩展到为销售季节做准备的多阶段模型；

⑫其他应用的扩展模型。

人们在对报童模型的研究中还发现：当供应商和零售商作为一个整体来决策时，供应链的最优订购量显然优于零售商作为理性个体单独决策时的定购量。这也就是我们常说的“双重边际化”问题。也就是说，风险中性的供应商和零售商在分散决策下供应链的期望利润低于整合供应链模式下的期望利润。

因此，寻求协作、降低供应商和零售商的市场风险、提高整个供应链的协作效率成为人们关注的焦点问题。而在一系列寻求协作的方法中，供应链契约理论可以说最为引人瞩目。因为通过契约，不仅能调整供应链中各方的利益关系，也能分散整个供应链的风险。因此在一定条件下，运用合适的契约，能使供应链在分散决策下的最优利润与集中决策下供应链的最优利润相等。下文笔者将对常见的契约进行综述。

1.2.2 批发价格契约

批发价格契约（The Wholesale Price Contract，以下简称 WPC），是最简单的契约形式，也是实践中运用最为广泛的一种契约。在该契约下，零售商根据市场需求和批发价格来确定自己的定购量，而供应商则根据零售商的订购量组织生产，零售商负责处理库存产品。因此，在普通的批发价格契约下，供应商获得确定的利润，而需求不确定性所导致的所有风险完全由零售商承担，因此该契约无法实现供应链协调（Lariviere & Porteus，2001）[34]。如果采用批发价格契约，零售商在购买商品时仅需要向供应商支付单位批发价 w，然后以市场价格 p 把商品销售出去。零售商向供应商提供的转移支付为：

$$T_w(q,\ w) = wq \tag{1-5}$$

在不同的外部环境中，上式可以有不同的表现形式。Bresnaban、Reiss（1985）[35]研究了确定性需求下的 WPC。Boyaci、Gallego（2002）[36]给出了面对报童问题（Newsvendor Problem）的更为完整的分析。他们认为只有在供应商获取零或者负利润时，WPC 才能协调供应链。究其原因：供应商和零售商都是风险中性的理性人，所以他们在生产活动中会以自身利润最大化为目标，而不去考虑供应链的整体绩效，从而引发双重边际效应，导致供应链协调失败。所以通常 WPC 被认为是一种不能协调供应链的契约。该现象由 Spengler

最先发现。Dong、Rudi（2001）[37]将这类问题拓展到更宽泛的需求分布，研究了批发价格由供应链外部和内部确定的两类 WPC，并对库存运转下利润的分配进行了讨论。唐宏祥（2004）[38]讨论了当供应链下游存在多个竞争性成员的情况下，批发价契约和收入共享契约不能协调供应链的原因，并提出利用线性转移支付契约来协调供应链。刘春林（2007）[39]对唐宏祥的研究进行了扩展，研究表明：通过选择恰当的奖惩因子以及限定最低的销售规模，供应链也可以达到协调。赵正佳（2008）[40]对两阶段的供应链建立了批发价与价格补贴的联合契约。在该契约中，零售商在销售季节来临前只有一次订货机会，销售分两阶段进行，在第二阶段价格下降时，供应商对零售商第一阶段没有售完的产品进行价格补贴。研究表明：联合契约能够实现供应链的协调；单纯的价格补贴契约能够激励零售商的订货量达到系统最优水平，但会损害供应商的利益，不能真正地做到供应链协调。从上文提及的 WPC 契约分析可以看出：单纯的 WPC 契约由于双重边际效应的原因，基本不能起到协调供应链的作用，但是在一定条件下，它和其他契约结合起来，就能发挥协调作用，如唐宏祥（2004）[38]、赵正佳（2008）[40]就是用的这种方法。

由于 WPC 应用前景比较广泛，所以今后的研究还可以做以下一些拓展。首先，可以把风险因素和补偿因素考虑进来，研究供应链的协调问题。由于最近重大事件（如生产事故、恐怖事件、自然灾害、金融危机等）比较频繁，给企业和社会造成了巨大的影响，因此在考虑供应链风险的背景下，研究如何运用批发价契约和其他契约组成的联合契约来减小供应链的损失，甚至是协调供应链，就显得很有意义；其次，已有的文献对物流和信息流的研究较多，而对资金流的研究较少。在全球金融危机的背景下，可以考虑零售商在出现资金短缺的情况下，供应商如何运用 WPC 联合契约以及贷款合同来激励零售商多订货，同时也可以考察在资金流短缺的情形下，供应链的协调条件。当然还可以考虑在供应链中其他成员出现资金短缺、或者整条供应链都出现资金短缺的情形下，供应链如何运用 WPC 联合契约来改进供应链的绩效；最后，还可以考虑供应链中零售商、供应商之间存在风险偏好与消费安全责任时，WPC 联合契约怎样协调供应链。由于以前的文献多以风险中性假设为条件来研究供应链，因此可在供应链中存在混合风险偏好（供应商和零售商的风险偏好不一样）的情况下，研究供应链如何运用 WPC 联合契约来协调供应链。此外，随着“三聚氰胺事件”以及“猪流感”的爆发，引发了供应链中的食品安全问题。由于食品安全是关系国计民生的大事，因此供应商和零售商在考虑安全责任的情况下，如何用 WPC 联合契约来协调供应链也值得进行进一步的研究。

1.2.3 回购契约

回购契约（The Buy Back Contract）也称作退货策略，是指供应商通过承诺以低于进货的价格买回销售季节结束时所有的剩余商品，从而刺激零售商增加进货的数量。该契约中的转移支付函数可以表示为：

$$T_b(q,\ w,\ b) = wq - bI(q),\ b \leqslant w \tag{1-6}$$

其中，w 为指定的批发价，b 为回购参数，$I(q)$ 为季节末期望的剩余。这一契约的作用是：通过增加零售商每件剩余产品的残值，从而提高零售商的订货量。该契约隐含了这样一个假设：在每个季节末，零售商都要把没有售完的剩余产品退还给供应商，而且供应商处理这些剩余产品所获得的残值，往往高于零售商以其他方式处理这些产品的残值。Pasternack（1985）[41]研究了一类需求期很短的商品的定价问题，运用优化定价和退货策略来确保渠道协调。Padmanabhan、Png（1995）[42]从管理实践的视角，描述了供应商对零售商季末没有售出的商品进行回购，将对整个供应链的收益产生什么样的影响，并分析了回购契约在实施中发生的各项费用以及如何操作的问题。Kodama（1995）[43]研究了商品在订购后，零售商可以在销售季节来临之际部分退货和补定货物的案例，结果表明该策略可以提高零售商的期望利润水平。Emmons、Gilbert（1998）[44]研究了当零售商必须在销售季节前夕作出订货量和定价决策时，回购契约对供应商和零售商双方期望利润的影响。Tagaras 和 Cohen（1992）[45]、Anupindi 和 Bassok（2001）[46]、Donohue（2000）[47]分别考虑了在集中系统下与分散系统下的库存再平衡问题，并研究了在允许提供给供应商多次生产机会的情况下，对需求预测进行改进的协调问题。Ding、Chen（2002）[48]研究了运用回购契约实现三层供应链渠道的协调问题。国内学者贾涛、徐渝等（2006）[49]研究了在市场需求随机依赖于零售商的初始库存量，且库存成本为非线性的情况下，回购契约如何来协调供应链。于辉、陈剑（2005）[50]研究了在突发事件造成零售商的原有需求变化时，如何用改进后的回购契约来协调供应链以应对突发事件。该研究表明改进的回购契约对于供应链突发事件造成零售商临时的需求变化，具有很强的鲁棒性。徐最、朱道立（2008）[51]研究了在销售努力水平影响需求的情况下，传统的回购契约无法协调供应链的原因，并给出努力水平以两种形式影响需求时，零售商的最优努力水平和订货数量的表达式，并提出了两种限制性的回购契约，通过限制供应商回购产品的数量来协调供应链。Su（2008）[52]研究了供应链在应对有远见的消费者时，消费者的策略行为如何影响供应链的绩效。其中，供应商销售的商品具有易逝品的特点：销售的产品在接近季节末时，价格会急剧下降。消费者预计到供应链企业的销售情况，因而可以选择自己购买商品的最佳时机，以便最大化消费者的期望剩余。研究表明，在消费者策略影响下，供应链企业在分散决策下采用批发价契约比集中化决策下采用该契约能取得更好的绩效；此外，在消费者的策略影响下，通常能够协调供应链的回购契约也有所失效，它不能在成员间任意地划分利润。

从上面关于回购契约的分析，可以看出回购契约的应用领域正在不断地拓宽。通常供应商在能监控零售商销售数量，且监控成本不超过执行该契约带来的收益时，选择回购契约是一个明智之举。但是随着回购成本和监控成本的上升，执行回购契约就会遇到一些困难。此时可能需要根据供应链所处行业的特点，设计出合理的回购成本区间，以保证回购契约的使用效果。此外，我们还可以在以下几个方面对回购契约的研究进行拓展。首先，在一个普通的回购契约中加入一些外部条件（比如讨价还价过程、市场促销活动）后，有可能会出现这样的情形：能够协调供应链的回购参数（w，b）可能不只一组，如何在众多满足条件的契约参数中找出最优解是一个值得关注的问题；其次，由于回购契约有很好的抗击应急事件的性质，因此在供应链发生应急事件的条件下，研究供应链如何运用回购契约来协调不同情形的应急事件也是一个值得关注的方向；最后，在零售商、供应商之间存在混合风险偏好，以及考虑多风险源的情况下，如何运用联合回购契约（也就是回购契约和其他契约的组合）来提高供应链的抗风险能力，并改善供应链的整体绩效也是一个值得关注的方向。

1.2.4 收入共享契约

收入共享契约（The Revenue Sharing Contract）也称收益共享契约，是指供应商向零售商提供商品的批发价 w 接近甚至低于成本价，此时零售商为了补偿供应商的损失，便把自己的销售收入按一定的比例（由双方事前商定）返还给供应商，从而确保双方在该契约下的收益水平高于分散控制状态，甚至可以达到集中决策下的最优绩效。该契约首先在美国激光唱片租赁行业应用并取得较大成功。在一般的收入共享契约下，假设零售商能够诚实地把全部收入（包括季末销售的残值收入）拿出来与供应商分享，且供应商不需为此付出额外的监控成本。如果令零售商分享供应链收入的比例为 φ，那么供应商分享供应链收入的比例为 $(1-\varphi)$，$0<\varphi<1$，该契约中的转移支付函数可以表示为：

$$T(q, w, \varphi)=(w+(1-\varphi)v)q+(1-\varphi)(p-v)s(q) \tag{1-7}$$

在式（1-7）中，w 为指定的批发价，v 为剩余商品的残值价格，p 为商品的零售价格，$s(q)$ 为零售商期望销售的商品数量。Pasternack（1999）[53]研究了单零售商通过收入共享策略和单一的批发价格策略购买商品的决策模型，但没有探讨其系统协调问题；Cachon、Lariviere（2005）[54]给出了关于收入共享契约的一般性分析，并在固定价格报童模型与价格设定报童模型下，把收入共享契约、回购契约、价格折扣契约、数量弹性契约、销售回扣契约，以及特许合同和数量折扣合同等进行比较，研究表明收入共享契约在固定价格报童模型下与回购契约等价，而在价格设定报童模型下与价格折扣契约等价。此外，他们还探索性地分析了收入共享契约没有在现实生活中得到广泛应用的两个原因：一是实施收入共享契约的管理成本和监控成本过高；二是实施收入共享契约后可能会降低零售商销售的积极性。Mortimer（2000）[55]针对录像租赁产业，对收入共享契约的影响进行了详细的计量经济研究，发现该契约可以增加7%的供应链利润。Gerchak（2004）[56]研究了多个供应商和一个制造商的情形，并把收入共享契约和批发价契约协调的状况进行了比较分析。黄宝凤（2005）[57]针对一个制造商和N个相互竞争的零售商的情形，研究了完美共赢收入共享契约的存在性问题，并给出收入分配比例系数与批发价满足完美共赢收入共享契约的条件。柳键、马士华（2004）[58]假定一个上游制造商和N个下游供应商，且零售价格随销售量减少的条件下，把收入共享契约和批发价格契约进行比较，研究表明在信息共享的情况下，收入共享契约优于批发价格契约，在供应商增多的情况下，批发价格契约绩效变好，而收入共享契约绩效变差。陈菊红、郭福利（2009）[59]运用风险约束理论，对一个两阶段供应链模型中风险规避型的零售商与其风险中性的供应商之间进行契约设计与建模。研究表明在供应链的收益共享契约下，风险中性方为风险规避者提供了一定的风险保护，使得风险约束得以满足，并且零售商与供应商的利润在该契约下均得到一定的提高。

从上面的分析可以看出，收入共享契约在不同的条件下可以等价于别的契约，这说明该契约具有很好的柔性，但是导致该契约出现柔性的原因还值得进一步的研究。其次，从实践中可以看出，收入共享契约主要用在租赁行业，而在其他行业相对较少。这一方面是因为它的监控成本过高，管理比较困难所致；另一方面也隐含地说明：不同的契约有不同的应用领域。而未来能否在一个统一的框架下，研究出一种跨行业的具有协调功能的通用契约，也是一个有意义的研究课题。此外，目前对供应链契约的研究主要集中在两级供应链，而在实践中情况则要复杂得多。因此可以把收入共享契约扩展到三级或者多级，并可在同时考虑供应链中存在道德风险或逆向选择的情况下，研究收入共享契约对供应链的协调作用，以及该契约对供应链绩效的影响。最后，从收入共享契约的回顾中可以看出，该类契约对供应链中存在混合风险的情况，具有一定的协调作用。但是顾客的风险偏好有很多形态：如风险中性（Risk Netural perferences）、风险厌恶（Risk Averse perferences）、偏好风险（Risk Seeking perferences）、损失厌恶（Loss Averse perferences）、浪费厌恶（Waste Averse perferences）、缺货厌恶（Stockout Averse perferences）等。如果把这些不同的形态进行组合，应该是一个很好的研究方向。但是在这些混合风险的形态下，对契约求解可能会遇到一些困难，特别是很多情形下可能没有直观的解析解，这可能需要求助于数值解法和仿真。

1.2.5 弹性数量契约

弹性数量契约（The Quantity Flexibility Contract，QFC），该契约允许供应链中有两次订货的机会，即供应商允许零售商在对市场需求量进行观测后，可以调整商品的订购数量。同时供应商对零售商在规定数量内没有销售完的商品进行全面的补贴，这也就暗示了零售商的订货量必然会大于某个规定的数量。该契约经常应用于电子业和计算机业的零部件交易中，有时亦出现在汽车行业中。它的转移支付函数可以表示为：

$$T(q,\ w,\ \delta) = wq - (w + c_r - v)\int_{(1-\delta)q}^{q} F(y)\,dy \tag{1-8}$$

其中，（1-8）式中积分号的下限 $(1-\delta)q$ 表示零售商承诺购买的商品数量，整个最后一项表示供应商提供给零售商的超过规定的订购量，并在季末对没有售完的商品的补偿。QFC 是一种在滚动水平计划（Rolling-horizon Planning）下协调供应链物流和信息流的有效方法。虽然 QFC 与回购契约很相似，但是它不要求回购商品。在商品回购成本很高时，QFC 要比回购契约更有效。由于 QFC 能提高零售商定购货物的平均数量，所以它能增加供应链的整体收益。Tsay（1999）[60]研究了采用数量柔性契约来实现供应链系统协调的问题。因零售商在发出最终订货量之前仅取得了部分市场信息，数量柔性契约可用于帮助将市场的观测信息融入最终的订购决策。接着，Tsay、Lovejoy（1999）[61]研究了更复杂的 QFC，他们将问题拓展到多需求周期、提前期和允许贝叶斯更新的两阶段需求预测中。在多周期模型中，发现运用 QFC 可以抑制供应链订货的多变性，而这个问题在单周期模型里却被忽视了。Wu（2005）[62]将 QF 契约和 QR 系统相结合，考察了在贝叶斯更新下零售商的订购决策，构建了新的契约（c，n，ω，q）（该契约的参数依次为批发价、生产提前期的信息更新次数、灵活比例及订购量）。研究表明，在贝叶斯更新下供需双方均能从信息更新中受益。何勇、吴清裂（2006）[63]在需求不确定且与努力水平相关的前提下，分析了弹性数量契约模型。研究表明，由于销售商实施努力需要付出相应成本，此时传统的数量柔性契约无法实现供应链协调，通过引入供应商共担努力成本这一措施，使供应链恢复到协调状态，并给出了优化方法。Chan（2006）[64]用仿真的方法研究了如何用弹性数量契约来减小供应链的不确定性。仿真结果表明利用弹性数量契约能够成功地减小供应链不确定性造成的冲击，从而提升供应链的绩效。

由于弹性数量契约涉及二次订货，因此商品的订购量需要建立在准确预测的基础上。如果零售商不承担任何风险，他们就有可能夸大预测值，从而引发牛鞭效应，导致供应链的绩效下降。要想解决这个问题，只有加强共同业务管理和信息共享建设，以此来加强双方的了解和沟通，从而提高预测精度。但是要建立完善的信息共享机制还有许多需要解决的问题：首先是信任问题，这是信息共享面临的最大障碍；其次，建立信息共享需要增大投入成本；最后，由于供应链自身的动态性特征，给信息共享造成一定的困难。因此如何在安全、可靠的信息共享基础上实施 QFC 是未来一个重要的研究方向。此外，我们可以看到，加强预测方法、提高预测精度也是改善弹性数量契约的一个重要方面。但是现实中，要想获得较为完整的数据有时非常困难，因此需要对传统的预测方法进行一些改进，所以通过灰色理论、贝叶斯神经网、模糊聚类等新的数学方法来拓展预测方法并与弹性数量契约相结合也是一个很好的研究方向。最后，在考虑消费者偏好的条件下，研究弹性数量契约的性质和绩效也是一个值得尝试的方向。

1.2.6　销售回扣契约

销售回扣契约（The Sales Rebate Contract），是指供应商向零售商收取每单位 w，只要售出的商品数超过一个阀值（最低限值）t，供应商就向零售商提供每一个售出单位 r 的回扣。它的转移支付函数可以表示为：

$$T(q, w, r, t) = \begin{cases} wq & q < t \\ (w - r)q + r\left(t + \int_t^q F(y)dy\right) & q \geqslant t \end{cases} \tag{1-9}$$

这种契约在季节性比较强的服装行业应用相当广泛。Taylor（2001）[65]研究了在价格保护机制（Price Protection）、中期反馈（Midlife Returns）以及期终回扣（End-of-Life Rebates）的三种策略在动态市场环境下对供应链的协调情况。其中，中期反馈表示：在商品销售期内，回购部分没售完的商品，并给予一定的回扣；期终回扣和中期反馈策略类似，只是在销售周期结束后，才回购没售完的商品。研究表明如果零售价格是一个常数，且回购参数设置得当，那么中期反馈和期终回扣策略能够保证供应链协调且获得双赢。Taylor (2002)[66]把这类契约进一步扩展，将其大致分为两种方式：期终回扣（End-of-Life Rebates）和目标回扣（The Target Rebates）。研究表明当需求不随零售商的销售努力而变化时，适当的目标回扣可以实现协调，而期终回扣却不行；而当需求随着零售商的销售努力而变化时，目标回扣与回购契约进行组合便可以实现供应链协调并达成双赢。Krishnan、Kapuscinski（2004）[67]研究了类似契约并把这种契约称作“低价定量供应（Markdown Allowance）”。在该契约中，零售商首先选择订单数量，当需求信号被观察到后，再确定努力水平。研究表明：如果需求信号与订货数量强相关，则零售商不会那么努力地扩大需求。

关于销售回扣契约，可以在信息不对称的情况下进一步展开研究。我们可以在零售商努力、销售成本可观测但不能被证实的情况下，借助于信号博弈的方法研究销售回扣契约对供应链绩效的影响。此外，在下游零售商资金有限的情况下，研究销售回扣契约对供应链的协调情况也是一个有趣的研究方向。另外，比较分析销售回扣契约、回购契约及收益共享契约之间的联系和区别，以及探讨这三种契约适应于不同领域的根本原因也是一个值得考虑的问题。最后，可以考虑消费者在能预测供应链销售情况前提下，研究零售商如何与消费者展开价格博弈，供应商又如何通过销售回扣契约来最大化供应链的绩效。当然在混合风险偏好下，研究销售回扣契约对供应链绩效的影响也是一个很好的方向。

1.2.7 数量折扣契约

数量折扣契约（The Quantity Discount Contract）中，供应商提供给零售商价格方面的优惠，商品的单价随零售商的订购量而变化。通常零售商的订货期越提前、订购量越多、购买金额越大，商品的折扣就越大。供应商以这种方法来鼓励零售商大量地提前购买，以此减少订货不确定性对自身造成的冲击。在少数情况下，由于所供的货物较少，商品需限额供应，此时可能会出现负的折扣。数量折扣契约在实践中应用较为广泛，但其理论研究则相对落后(Gerchak，2004)[56]。它的转移支付函数可以表示为：

$$T(q)=w(q)q \tag{1-10}$$

从上式可以看出批发价是价格 q 的函数。Monahan（1984）[68]第一个从供应商的视角研究了最优折扣定价问题，为供应链管理的研究开创了一片新天地。Kim、Hwang（1989）[69]以提高供应商的利润并降低零售商的成本为目标，研究了单供应商多零售商系统的数量折扣问题。Kohli、Park（1994）[70]以卖方为斯坦伯格博弈的领导者，对数量折扣的博弈模型进行了研究。Wang、Wu（2000）[71]研究了单供应商多零售商系统中，以卖方为领导者进行斯坦伯格博弈的模型；Chen、Federgruen（2001）[72]等在由多个异质零售商组成的单产品分销系统中，给出了完美协调是渠道协调追求的目标；Hahn、Hwang（2004）[73]考察了易腐商品、零售商不退货但供应商给予其批发价折扣的供应链协调问题。Papachristos、Skouri（2003）[74]研究了需求是价格递减的凸函数、商品是时变变质的且变质服从韦伯分布、允许缺货但积压的需求受等待耐心影响情形下的库存模型。Corbett、Groote（2000）[75]考察了非对称信息下的数量折扣策略，该策略在按需订货（Lot-for-Lot）假设下进行，研究者把该策略与完全信息下的策略进行对比，研究发现在完全信息下供应链可取得更好的绩效。Burnetas、Gilbert（2004）[76]研究了非对称信息下，供应商提供给零售商数量折扣以实现渠道协调时的定价问题，为经济订货批量环境下的数量折扣定价和随机需求环境下以数量折扣契约实现供应链协调架起了一座桥梁。Liu、Liu（2005）[77]将连续型数量折扣看做是离散型数量折扣的极限形式，研究了随机需求下以数量折扣实现单零售商单供应商系统协调的问题，给出了其实现协调的必要条件，并证明了在斯坦伯格博弈下均衡解的唯一性。高峻峻、赵先德（2002）[78]研究了在需求具有价格弹性的条件下，由单一买方和单一卖方组成的供应链契约中制定价格折扣的问题。研究表明，在供应链契约理论中可以用价格折扣协调买卖双方的利益，因此，帕累托意义下的最优价格折扣问题可以转化为求解供应商利润最大化问题。赵晗萍、冯允成（2005）[79]研究了由单个生产商和单个零售商组成的两阶段供应链模型，运用目标数量折扣契约来协调供应链，并分析了该契约对利润分配的影响。张钦红（2007）[80]以持续变质的易腐物品为研究对象，分析了协调易腐品两级供应链的最优数量折扣合同。给出了在零售商的库存持有成本信息对称及不对称情形下，供应商的最优数量折扣合同。研究表明：信息对称时数量折扣合同可以协调供应链，而信息不对称时单一的数量折扣合同不能取得供应链的整体绩效最优。

总的来说，数量折扣契约可以使供应商的库存减少，同时又让零售商获得更低的批发价格，但是这会造成一些负面的影响：首先是价格折扣会使供应商的边际利润降低；其次，随着批量订货的增加会造成零售商库存的增加。面对这些矛盾，如何在不同的环境下，提出新的定价订货策略，使得供应链中各成员都能获得满意的收益是未来研究的核心问题。此外，在金融危机的大环境下，零售商和供应商都出现了资金相对短缺的现象，在这种情况下零售商是否愿意采用原有的数量折扣契约，或是一种变形体，还需要进一步的实证研究。最后，在非对称信息下，可以考虑能否把该契约和其他契约（比如销售回扣契约、回购契约、收益共享契约等）结合起来，并进一步地研究新的联合契约能否协调供应链。

1.2.8 期权契约

期权（Option）契约是在金融工程中用得比较普遍的衍生工具，随着金融研究边界的不断拓展，期权的柔性也逐渐被其他学科的学者所接受，并被引入供应链管理。由于这种契约机制需要零售商提前购买一定数量产品的购买权，当完成对需求信息的观测后，再部分或全部执行该期权，所以现实中这种协调机制常用于生产准备期较长的商品。如果供应链选择期权契约，那么在销售季节来临之前，首先，供应商发布其单位产品的批发价格 w、期权价格 w_0 和执行价格 w_e；接着，零售商在既能兼顾市场需求又能规避市场风险的指导原则下，采用与供应商签订固定批发价契约加期权契约的方式：一方面根据市场需求的预期，按批发价格确定其固定订购量 Q，另一方面从供应商处购买一定的期权 M，以应对可能出现的额外需求。只有当销售季节中出现额外需求时，零售商才会根据市场需求选择执行期权。它的转移支付函数可以表示为：

$$T(q) = wQ + w_o M + w_e[(D - Q)^+ - (D - Q - M)^+] \qquad (1\text{-}11)$$

其中，D 代表市场需求，$(D - Q)^+ = \max(D - Q,\ 0)$，上式的第三项，表示零售商在获得较为准确的市场需求信号后，执行期权时对供应商的支付。

Barnes、Bassok（2002）[81]最早将期权引入供应链管理的研究，运用期权契约对需求具有相关性的两阶段供应链协调进行了研究。在第一阶段，零售商向供应商订购用于每个阶段销售的固定商品数量 Q_1 和 Q_2，并且同时购买可以用于第二阶段追加订货量的期权 M，在第一阶段销售结束后，零售商根据对第二阶段需求的预测，选择全部或部分地执行期权。研究表明，他们所构建的模型具有一般性，可以将数量柔性契约纳入统一的框架。Christopher（2004）[82]等把期权契约用到了销售期短、易腐蚀的产品供应链中，评价了运用期权契约使零售商获得期望利润最大的最佳折扣价格。Mccardle（2004）[83]等考虑了使用期权契约的零售商之间存在竞争的情形。假设两个零售商分成以下四种情形：两个都使用期权契约；两个都不使用；一个使用另一个不使用

（两种），得到了四种情况下有唯一纳什均衡的条件。国内学者郭琼、杨德礼（2005）[84]通过期权机制，建立了供应链中各独立主体协作的决策模型，并发现期权机制下的供应链及其成员的收益要优于报童模型。供应商通过制定合理的契约价格和产品出清方式，可以将部分市场风险转移给零售商，零售商也能通过期权而获得额外的风险补偿，从而使供应链协调，实现帕累托最优。郭琼、杨德礼（2006）[85]通过期权机制，建立了在电子市场与传统市场共存条件下，供应链中各企业的决策模型，并求得协调状况下供应商的最优价格决策、产能决策和零售商的最优购买决策，并用数值实例对各决策模型中的影响因素进行了敏感性分析，并验证了结论的有效性。胡本勇、王性玉（2008）[86]研究了需求不确定性大、生产提前期长、销售季节短的供应链合作问题，建立了基于双向期权的单期两级供应链的数量柔性契约模型。研究表明：与单向期权相比，在双向期权下销售商的期权购买量有所减小，初始订货量有所增加，但总的预期订货量有所减小。此外在双向期权契约下，一方面提高了零售商的采购柔性，降低了部分风险，但也减少了部分收益；另一方面增加了供应商的风险，但也获得一定的收益补偿，而且如果供应商有针对性地选择零售商，降低执行期权的相关性，则可以降低甚至吸收转移过来的风险。

关于期权契约在供应链中的应用，还有很多值得挖掘的地方。首先，期权契约来自于金融工程，那么它对供应链的有效性还需要实证方面的研究。其次，由于执行期权契约涉及商品的二次订购，因此能不能合理地运用组合契约来协调这种二次订购模式下的供应链，值得进一步探讨。此外，现有的期权契约基本是建立在供需双方资金有保障的情况下，如果双方的资金有限，能否引入第三方提供资金担保，此时应该如何运用期权契约或者复合期权来协调供应链。最后，期权契约的柔性和数量折扣契约、回购契约、销售回扣契约以及收益共享契约之间的柔性有什么样的区别和联系，以及在什么样的条件下选择这些契约对供应链最有效，都需要进一步的研究。

1.2.9 信息共享契约

多个零售商在各自的柜台里同时销售多家品牌的商品，这使得零售商与供应商有可能进行非常紧密和丰富的信息共享活动。这种类型供应链的典型代表是：仓储商店、大型百货超市、便民店、销售运动器材及消费电子类商品的专卖店和其上游组织等。在这样的供应链中，由于存在着不同的信息结构和信息共享契约（The Information Sharing Contract），就有可能导致其市场参与者（包括他们的竞争者）之间的互动效应，从而影响每个成员的绩效，尤其是在非专卖（Non-exclusive）的多零售商和多制造商的供应链中。

Chen（1998）[87]，Lee、Tang（2000）[88]，Aviv、Federgruen（1998）[89]等假定不存在水平层的横向竞争和信息泄漏的条件下，研究信息共享对供应链绩效的影响。即便是在一个供应商与多个零售商的模型里也是假设每个零售商和每个市场需求是相互独立的，而且零售商之间不存在竞争。研究表明：信息共享可以给供应链系统带来好处。还有一些文献探讨了供应链上下游成员之间的竞争性行为，如Corbett、Tang（2004）[90]等，他们的结论是：供应链成员之间的竞争会影响他们的绩效，通过一定的信息协调可以实现系统优化。王子萍、黄培清（2006）[91]在博弈双方均拥有私人信息的情形下，从全新的重复博弈角度入手，建立了基于信息期望收益的概念数量模型，并对供应链中成员双方均具有私有信息的情况进行了详细讨论。给出了影响双方进行策略选择的驱动力以及相应的系统参数范围，分析了共享信息作为均衡策略的可能性。唐宏祥、何建敏（2004）[92]针对供应链中广泛存在的信息不对称问题，运用信号博弈理论研究了供应商和零售商之间的共享需求信息的传递机制。得到了零售商通过采购价格向供应商传递真实市场需求信息的条件，结论显示供应商和零售商之间信息共享的关键在于分离均衡的存在，分离均衡使得供应商能够得到足够的信息量去识别零售商市场预测信息的真实性。陈忠、艾兴政（2008）[93]针对传统的双渠道治理中，由于信息共享的处理过于简单而导致真实预测信息扭曲和隐藏的现象进行了研究，并应用贝叶斯推断原理提出传统渠道与电子渠道预测信息共享和基于电子渠道收益分享的合作机制，并探讨了合作机制实施的条件和范围。研究表明：在渠道预测能力较强，且零售商分享电子渠道单位收益比例保持在适当范围时，制造商与零售商实施市场预测信息共享与电子渠道收益分享机制能够实现帕累托绩效的改进，从而实现双赢，有利于机制的有效实施。

关于单个供应商与单个零售商在非对称条件下的协调问题研究较多。如晓斌、刘鲁（2004）[94]等针对一个由供应商和零售商组成的供应链，其成员之间的市场需求信息不对称问题，建立了非对称信息下批发价与订货量的斯坦伯格博弈模型，给出了零售商和供应商分别拥有需求信息下的博弈均衡，并用算例分析了非对称信息对价格和订货量及利润的影响，同时给出了信息不对称下的供应链协调机制。Agrawal、Seshadri（2000）[95]针对这个问题研究了风险偏好对供应链绩效的影响。他们指出零售商的风险厌恶性为上游成员提供了一种激励，即风险仲裁服务。在该模型中，上游成员提供一份具有固定费用、批发价格、退货比例以及每单位货物溢价费的合约来处理需求超出零售商订货数量时的紧急情况。随后，Plambeck、Zenios（2000）[96]提出了一个嵌入风险厌恶水平的委托代理模型。索寒生、储洪胜（2004）[97]以一个两阶段的供应链为背景，针对供应链上决策激励不一致和风险规避效应导致供应链低效的问题，研究了实践中应用广泛的利润共享契约和批量折扣契约对供应链协调性的影响，证明了这两种合同均能克服双重边际效应和风险规避效应，使得供应链协调，并指出在契约的实施上，利润共享契约需强制执行，批量折扣契约自动执行。

信息共享契约是目前供应链契约研究中最为活跃的领域。一方面由于信息不对称现象在供应链中极为普遍，例如牛鞭效应（Bull-whipeffect）和波及效应（Ripple Effect）都是目前研究热点。其中，牛鞭效应也称为信息扭曲（Information Distorion），是指供应链的下游上溯，商品定购量的波动幅度不断加大，形似一条鞘细根粗的鞭子，即在供应链内，由零售商到批发商、制造商、供应商，定购量的波动幅度递增，需求信息严重失真，给节点企业尤其是上游的供应商带来巨大的风险。而波及效应是最近才受到关注的一个问题，它是指该产业链中的某条供应链上某个成员因某种行为的发生，导致某变量（如：价格、时间、需求）数量上的变动，而该变量的变动又会通过供应链成员之间、供应链与供应链之间的相互联系对整个产业链造成极大影响的一个动态变化过程。另一方面信息共享的处理方式多变，例如常用的信息系统涉及三种模式（陈剑、蔡连桥，2001）[98]，包括：第三方模式、信息传递模式、信息中心模式。目前的研究很少把契约选择与信息系统处理方式结合起来，因此在未来如何把这二者有机地结合起来是一个很好的研究方向。此外，在金融危机的背景下，把资金流、信息流以及物流结合起来研究供应链的契约也是一个不错的研究方向，因为过去对物流和信息流的研究相对较为深入，而对资金流的研究相对不足，所以把这三者结合起来一定有很多值得研究的问题。此外，由于近年来供应链应急事件发生较为频繁，所以把供应链的风险传导机制和信息披露方式结合起来考察供应链契约也是一个很好的研究方向。还有，把消费者的偏好与信息共享契约结合起来也是一个值得重点关注的问题，不过该问题的解可能比较复杂，有时甚至不能求得解析解，因此常常需要借助数值仿真。最后，把行为经济学中的一些研究方法引入信息共享契约的研究，也是一个非常吸引人的课题。因为现实生活中策略选择往往涉及互动问题，所以随着供应链销售策略的确定，会部分影响消费者的策略选择，进而又影响供应链整体的收益，所以把信息共享契约和消费者的动态策略选择结合起来就显得很有意义。

1.2.10 其他契约

上述契约主要是按照契约的组成方式来分类的，还有很多契约因其研究目的不同或者是研究范围的跨度较大而无法将其具体地归为某一类中。例如：供应链的风险管理就属于此类。Chen、Federgruen（2000）[99]利用均值方差模型重新审视了一些基本的库存模型，发现具有风险规避特性的合作伙伴的最佳订货量往往会少于系统达到最优时所必需的订购量。Gan（2003）[100]在构建的由风险中性的供应商与风险厌恶的零售商组成的供应链中，证明了传统的批发价格契约、回购契约以及收益共享契约都不能协调这类具有风险规避特性的供应链。

此外，对不同结构特征的供应链契约研究目前还主要集中在单周期、单供应商与零售商的情况。而在实践中，供应链的结构要复杂得多。因此可以把供应链契约研究扩展到供应商与零售商之间一对多、多对一、多对多的情况，甚至是多周期、多产品、多层次的供应链网状结构。

针对单供应商和多分销商的供应链，Cachon、Larivere（1999）[101]发现当供应商具有数量约束时，会促使零售商扩大其订货量，从而加剧横向竞争。Lippman、McCardle（1997）[102]建立了面对独立随机需求的分配模型。他们提出把需求作为一个单独的随机变量，然后在已经实现的需求基础上采用一种分割原则来分配需求，最后，将零售商的超额需求再重新分配。黄祖庆、达庆利（2005）[103]研究了一个供应商和两个零售商组成的单一产品的两级供应链中，在产品价格固定、需求随机的情况下，供应商的激励机制设计和零售商的订货策略模型。研究表明，供应商在不采取激励机制的情况下，零售商将采取已有的订货策略，即不投入努力；而当供应商采取激励机制后，不仅将增加整个供应链的收益，且零售商的促销努力与商品在整个供应链中的增值有关。王勇、陈俊芳（2005）[104]研究了存在单个供应商、多个有差异的伯川德竞争零售商时，供应商在不同情形下如何做出定价机制的选择。研究表明：当零售商之间的需求差别比较大，且竞争激烈的情况下，供应商倾向采用非协调的次优关税定价机制；而在需求差别不大时，不论竞争的激烈程度如何，供应商都倾向数量折扣关税定价机制或完美协调关税定价机制来协调供应链。田巍、张子刚（2005）[105]建立了市场需求对价格敏感，并在两个相异的竞争零售商情形下，上游制造商通过创新投入降低运作成本的供应链博弈模型。研究发现上游制造商创新投入具有外部性，在制造商创新投入下，制造商和零售商的单位产品边际利润都得到了提高，并且零售商的竞争性越强，制造商的创新投入越大。研究表明在分散决策下，制造商的创新投入无法达到供应链整体最优，并提出了使供应链达到协调的基于数量折扣的混合契约，指出了该契约能为各方所接受的条件。

多对一的问题，也被称为共同代理（Common Agency），是指多个委托人共同雇佣一个代理人的模式。Bembeim、Whinston（2005）[106]指出在该模式下代理人往往从事多任务的工作，所以又称为多任务代理人（Multi-task Agent）。Martimort（1996）[107]比较了委托人独家代理和共同代理模式的比较优势，研究表明基于逆向选择的严重性与任务之间的互补程度的不同组合，委托人将会选择不同的代理关系。Bergemann、Valimaki（2003）[108]研究了对称信息下的动态共同代理问题，通过马尔可夫均衡的分析得出该博弈均衡支付唯一性条件。骆品亮（2006）[109]比较分析了共同代理和独家代理两种代理模式的激励效率。通过两个委托人面对同一个代理人的多任务代理模型分析与两个委托人分别面对自己的代理人的单任务代理模型分析，研究了任务相关性对共同代理与独家代理选择的影响。研究表明相对容易完成的任务激励效率较高，而对于相对难以完成的任务，委托人更偏向于选择共同代理；此外，委托人对于相对容易完成的任务，其选择代理模式取决于两个任务的互补程度。

多供应商与多零售商供应链协调问题涉及供应链横向竞争和渠道竞争等十分复杂的策略互动过程，所以涉及此类结构的文献相对较少。Tsay、Agrawal（2001）[110]研究了渠道冲突和供应链协调，他首先假设在供应链中，上游供应商即作为下游零售的供应商，同时又作为竞争对手的“双重”角色，然后研究了在企业中调节制造商与销售商关系的方法。陈剑、张小洪（2003）[411]研究了双渠道中多制造商供应链的设计问题，采用斯坦伯格对策方法建立了制造商之间的古诺竞争模型，并找到了制造商的最优生产策略。并得出以下结论：在制造商进行产量竞争的前提下，直销渠道的存在仍然能增加传统零售渠道的销售量。

Tempelmeier（2002）[112]建立了多阶段分配供应量的决策模型，并考虑了供应商的不同折扣水平对决策模型的影响。李建立、刘丽文（2005）[113]研究了一个多周期运行的一对多供应链系统，提出两种基于价格折扣的供应链协调策略：数量协调与时间协调。研究表明，与传统的分散决策系统相比，数量协调可以使供应链的整体绩效得以改进，在此基础上利用时间协调可以进一步改进绩效。论文还分别给出了两种协调机制的实现方法。刘开军、张子刚（2006）[114]提出使用序贯信念修正方法来削弱供应链中的信息不对称现象。假设零售商拥有关于市场需求的私有信息，供应商只能粗略了解零售商的最优决策方式，然后使用可以观察结果的多阶段 Bayes 博弈模型来描述供应商的运作过程，在各阶段之间根据 Bayes 法则修正供应商的信念。研究表明序贯信念修正方法能够使供应商的信息依概率收敛到零售商的私有信息，信息不对称博弈也将依概率收敛到信息对称博弈，并且收敛结果与初始信念无关。

Hochstdter（1973）[115]研究了多产品库存模型的固定解问题。Sawik、Tadeusz（1977）[116]讨论了多产品生产计划的随机控制问题。Erlebacher（2000）[117]提出了一种单约束下的多产品报童模型，并给出了一种启发式算法。鲁其辉、朱道立（2005）[118]在有多产品竞争的市场中，通过引进产品特征描述和消费者一般支出的概念，给出了一种市场份额的分析方法和市场份额的一些数学性质及经济特点，然后通过报童模型，分析了多产品竞争环境中零售商的最优供货决策问题，并给出了在产品的某些特征描述改变的条件下，零售商最优供货量、期望利润和市场利润总量的敏感性分析及其经济含义解释。蒋敏、孟志青（2007）[119]提出并研究了供应链中单周期和多周期多产品组合采购与供应链 CVaR 模型，利用条件风险值理论将多产品通过向多个供应商采购来分散需求不确定性带来的风险，以达到使损失最小的目的。

1.3 不确定性下的供应链应急管理综述

由于供应链具有参与主体多、地域跨度大、交流环节多等特点，因此它的整体绩效常受到参与主体与外部环境变化等多种因素的影响。尤其是因异常不确定性引发的供应链应急事件，由于此类事件具有发生概率低、难以预测的特点，所以如果事前没有任何防范措施，它们一旦爆发，将会给企业造成较大甚至巨大的损失，影响供应链的整体绩效，给供应链管理造成很大困难。供应链中企业间涉及物流、资金流、信息流等多种资源的流动，一旦发生应急事件，就会打乱链中原有的资源流动，使得上下游企业的贸易变得困难，企业既定的方针和策略难以实施，这会造成企业的预期与现实出现较为严重的偏离（Deviation）。在供应链应急管理中常用“扰动状态”（Disruption Situation）这个术语来描述这种偏离状态。如果偏离程度较小，由于供应链管理本身具有一定的鲁棒性（Robustness），管理过程中的原有计划可以不用修改，就能继续执行；但是如果偏离程度很大，超过鲁棒性的控制范围，原有计划在新环境下就必须进行重大修改，而这种修改需要企业付出高昂的代价。近年来应急事件的发生总数似乎有不断上升的趋势。因此如何预防应急事件的发生，让企业和社会了解供应链应急事件的发生机理，从而提高他们预防和应对应急事件的能力，是一个很有意义的研究方向。

供应链应急管理是一门涉及供应链管理、契约经济学、运筹管理、战略管理、信息技术、复杂科学以及一些专门知识的交叉学科。尽管该理论从提出到现在只有短短的几年时间，但是由于应急事件具有随机性和不确定性，且其后果对于企业来说往往是灾难性的，应急管理备受重视，人们对应急管理的研究也逐步深入，这促使供应链应急管理在近期得到了较快的发展。随着人们对供应链应急事件的发生和演变规律进一步加深认识，相关的理论和预防措施还会进一步丰富。下面就目前的研究成果做一个综述。

供应链应急管理的研究对象是指发生在供应链中的应急事件（也称供应链中的突发事件）。根据计雷、池宏（2006）[120]对突发事件的定义，并结合供应链自身的特点，可以把供应链应急事件定义为：发生在供应链中，超出供应链企业认识、计划、控制范围的突发事件，是会引起供应链企业的资金流、物流、信息流周转不灵，并最终损害供应链利益的那些事件。

供应链应急事件对供应链管理影响巨大，一旦爆发，如果不及时处理，将会严重影响公司的收益水平，在情况特别严重时有可能导致公司破产倒闭。例如：2001 年的“9・11”事件、2003 年的非典事件、2007 年的全球粮食和工业原材料价格集体上涨、2008 年的“5・12”汶川地震等。这些突发事件不仅给国家、社会造成重大损失，而且给相关节点的企业管理与供应链管理都提出了严峻的挑战。

首先，以“9・11”事件为例。这是完全由人类一方对另一方发动的猝不及防的袭击，尽管事后不断有人宣称可以从很多现象的蛛丝马迹中找出袭击的预兆，但是它的爆发仍然是一个没能预知的事实。“9・11”事件使美国遭受到较重的直接经济损失。地处纽约曼哈顿的世界贸易中心是 20 世纪 70 年代初建起来的摩天大楼，造价高达 11 亿美元，是世界商业力量的会聚之地。五角大楼的修复工作至少在几亿美元之上，人才损失难以用数字估量。此外，美国“9・11”事件的经济影响不仅局限于事件本身的直接损失，更重要的是影响了人们的投资和消费信心，使美元相对主流货币贬值，股市下跌，石油等战略物资价格一度上涨，并实时从地域上波及欧洲及亚洲等主流金融市场，引起市场的过激反应，从而导致美国和世界其他国家经济增长减慢。商品的库存滞留时间变长，造成仓库管理的成本激增（张存禄、黄培清，2007）[121]。

又如 2000 年 3 月美国新墨西哥州的雷电事件。强烈的雷电导致飞利浦公司 22 号芯片厂的车间发生一场火灾，破坏了当时正在准备生产的数百万个芯片。面对突如其来的变故，飞利浦需要花几周才能使工厂恢复到正常生产水平。当时诺基亚和爱立信的移动电话都主要依靠菲利普公司为其提供芯片。面对这场灾害，两个公司采用了截然不同的两种应对方法。诺基亚采用了积极的应对策略：一方面积极寻找其他的海外供应商，另一方面给菲利普公司施压，让其挖掘潜力优先为其提供芯片。而爱立信则采用相对消极的应对策略：对火灾引发的损失估计不足，导致爱立信的一款重要手机推迟上市，其移动电话业务也因这次灾害造成巨额亏损，公司的股价一落千丈，最后爱立信不得不退出手机市场。相反，诺基亚由于措施得当，在这场灾难中反而因祸得福，市场份额也因对手的退出，而得到大幅度的提升（Latour，2001）[122]。从这些事件不难看出应急事件对供应链管理的冲击有多大。

Clausen、Hansen（2001）[123]通过对飞机工业中灾难事件的描述，提出了应急管理的概念，并指出有效的应急管理需要建立在对整个系统行之有效的监控之上。它应包括计划、追踪、控制等基本元素。

美国德州大学的于刚教授和他的合作者一直走在供应链应急管理的最前列。Thengvall、Yu（2000）[124]运用受限的网络流模型来解决航班短缺问题，拉开了供应链应急管理的序幕。航空管理者运用该模型可以在应急情况下快速、高效地制定航班恢复计划。该模型不仅能够对延迟或取消的航班进行航线优化，而且还能结合具体的措施来处理航班与最初航线的偏离问题。此后，于刚与他的团队又成功地开发了一些应急实时管理决策支持系统，如 OpsSovler 和 CrewSolver。这两个系统帮助大陆航空公司成功解决了“9·11”事件的航班恢复问题，使公司在大灾难面前损失降到最低。

Yang、Yu（2005）[125]研究了企业在遭受应急事件后，如何制定恢复生产计划的问题。他们对应急管理提出了一些创新性观点。他们认为：应急事件虽然和不确定性有必然的联系，但是在应急管理的研究中运用概率模型并不一定合适。最合适的应急管理方法必须具备这样的特征：实施这种方法后，能够最小化应急事件所造成的冲击。研究表明在成本函数的结构是凸的情况下，普通的应急问题可以通过求解成本扰动和需求扰动的应急问题而得到合理的解决。他们还对此类问题的解法进行了总结和拓展：①在制订应急管理的生产计划时，不仅要捕获由于环境改变而引起的运作成本的改变，还要捕获由应急事件导致的与原计划产生偏差的成本的改变。②在成本是凸函数的情况下，证明了应急事件的复杂性，并用改进的贪婪算法对该问题进行了求解。③对运用贪婪算法进一步改进效率提出了一些建设性的想法。

Xia、Yang（2004）[126]研究了由单一供应商和零售商组成的两阶段生产、库存系统的应急恢复问题。他们把在生产、库存系统中常遇到的应急问题分成五类：①装备成本的变动；②库存持有成本的变动；③生产速率的改变；④生产成本的变动；⑤需求率的变动。他们还给出了这五种不同应急类型的解空间：①提前/延迟生产或定购计划；②扩大/缩短生产周期；③取消/增加循环；④不能满足用户需求。文章结合不同的惩罚成本函数，讨论了不同应急情况下最优解的性质。

Qi、Bard（2004）[127]研究了报童环境下的两阶段供应链中，当实际需求与生产计划发生偏差时，供应链应急的协调问题。研究表明：对于很多短生命周期的商品销售，完全的市场信息很难获得。供应商常常是在明确需求信息前，就制定出了生产计划。当供应商获得确切的需求信息后，发现自己的生产计划与实际需求出现偏差。此时如果供应商想要满足市场需求，制订新的生产计划，就必然带来额外的偏差费用。文中给出了供应链在考虑因需求扰动带来偏差成本后，用批发价与数量折扣的联合契约来协调供应链的条件；并提出了一些未来可以拓展的研究方向，如在多零售商、多销售周期、耐用品以及偏离的成本函数是非线性的情况下进行供应链应急研究。

Xu、Qi（2003）[128]研究了市场需求与零售价格为非线性的情况下，需求发生扰动时，供应链如何用批发价数量折扣联合契约来协调供应链。这种方法丰富了当需求发生扰动时，处理供应链应急的手段。他们还运用这种非线性的手段来描述应急情况有可能更接近现实。Xu、Gao（2005）[129]也对需求发生扰动下的供应链协调问题进行了研究。不过他们假设需求与价格为线性关系，但生产成本是产量的凸函数。研究表明：供应商在了解到实际的需求信息后，可以通过实际的需求变化方式来设定批发价以此来协调供应链，并在新的环境下获得最优的定购量和零售价格。

Abboud（2001）[130]研究了机器故障时间与修复时间呈随机分布的情况下，供应链的协调问题。研究表明：通过把时间适当地离散化，然后利用马尔可夫链理论能够有效地推算出生产库存系统的平均成本，再利用估算结果就能推导出供应链的最优产量。随后，通过数值仿真的方法，把时间为离散情况下的结果与连续下的结果进行了比较，并指出未来可以通过放松假设条件，扩展马尔可夫链的状态空间，对机器修复问题做进一步研究。

Qi、Bard（2006）[131]基于最短处理时间优先法则（Shortest Processing Time，SPT），对机器故障的修复问题做了研究；并针对单机或并行机出现故障的情况下，详细讨论了不同偏离成本、目标函数对修复策略的影响。研究表明：采用SPT法则对于大多数机器故障的修复问题都可以获得最优计划。

Yu、Sun（2007）[132]运用仿真方法针对下面三个问题，展开供应链应急管理研究：①应急事件是怎样影响供应链的；②应急事件会对供应链造成多大的冲击；③不同的应急事件对供应链造成怎样不同的影响。文中通过含有不同随机变量的两个扰动函数来代表供应链的应急事件。研究表明：如果应急事件导致供应链的不确定性增加，那么供应链的损失必然加重，并且原有的协调状态将被打破。如果应急事件导致不确定性降低，此时供应链也不能从应急事件中获得什么收益。

Hendricks（2009）[133]运用实证的方法研究了运作冗余、业务多元化、地理多元化和垂直关联如何通过股票市场反应供应链应急影响。研究表明：供应链的运作越松散，那么应急事件在股票上的负面反应越小；业务上的多元化，与遭受应急事件的供应链在股票上的反应之间没有显著关系；地理越多元化，那么应急事件在股票上的负面反应越明显；此外供应链企业的垂直化关联程度越高，那么应急事件在股票上的负面反应越小。

国内学者也对供应链应急管理做了一些研究。于辉、陈剑（2005）[134]研究了两节点的简单供应链中，在需求发生扰动的情况下，供应链如何运用数量折扣契约协调突发事件。于辉、陈剑（2005）[50]研究了需求发生扰动时，供应商使用回购契约来协调供应链的问题。研究表明：当需求变化已经大到能改变供应链的最优定购量时，原有的回购契约已经不是最优，只有实施改进的回购契约才能协调供应链。于辉、陈剑（2006）[135]研究了在需求发生扰动的情况下，运用改进的批发价契约协调供应链突发事件所应满足的条件，并利用相关结论，很好地解释了市场经济规模随批发价格的变化关系。

上面的研究基本都是针对报童模型的两级供应链，即所谓的“一对一”。下面部分的研究对两级供应链的结构进行了拓展，即在“一对二或一对多”的情况下来研究供应链应急问题。Xiao、Yu（2005）[136]研究了由一个供应商与两个零售商组成的供应链，并探讨了零售商之间存在促销竞争，且需求有可能出现扰动情况下，供应链的协调问题。研究表明在信息对称的情况下，决策者合理运用价格促销补贴策略能够协调需求发生扰动的供应链。并且通过调整批发价格和补贴率，能使供应链的利润在供应商和两个零售商之间任意划分。接着，Xiao、Qi（2008）[137]对一个供应商和两个竞争零售商的供应链进行了扩展研究，不过他们是在假设供应商的生产成本与市场需求同时存在扰动的情况下，来讨论全单位型数量折扣契约和增量型数量折扣契约对供应链的协调情况。研究表明：对于全单位型数量折扣契约，如果零售商之间的成本差价明显，那么该契约在应急情况下不能协调供应链。此外，如果两个零售商的情况一样，供应链能够达到协调，且在全单位数量折扣契约和增量折扣契约下有相同的批发价。Xiao、Yu（2006）[138]研究了在需求或原材料市场发生扰动时，供应链中双渠道间接演化的博弈问题。研究表明：在一个供应商和多个零售商组成的渠道中，零售商收益最大化策略可能演化为最终的稳定策略。此外，收益最大化策略和利润最大化策略也可能在演化竞争中共存。同时研究发现在扰动情况下，采用稳定进化策略的零售商与最优生产策略的供应商都会受到影响。文章最后还专门针对不同的扰动情况，分别探讨了供应链的修复策略。

胡劲松、王虹（2007）[139]对两级供应链进行扩展，研究了由一个供应商、制造商和零售商组成的三级供应链中，在需求发生扰动的情况下，供应链的协调问题。研究表明：在需求发生微小扰动时，由于契约具有一定的鲁棒性，供应商不需要改变生产计划就能协调新情况；而在需求扰动致使市场规模发生明显改变时，原有的协调将被打破，但是通过调整价格折扣契约能够在新环境下达到协调。

此外，在大量的实践中，人们还发现有时候供应链中可能存在多个扰动因素同时发生，或者两个扰动之间存在着重叠的情形。雷东、高成修（2006）[140]研究了简单的报童供应链中，当市场需求为商品零售价格的线性函数情况下，如果市场需求和供应商的生产成本同时发生扰动，供应链的协调问题。研究表明：如果两个扰动同时发生，供应链的原有策略已不能协调，但是调整之后的数量折扣契约能够协调新情况下的供应链。

此外，许明辉（2005）[141]对需求扰动和生产成本扰动的应急事件进行了较为详细的讨论。研究表明：无论是哪种扰动发生，都会引起生产计划的改变，而新的生产计划一旦考虑了这种变化，就会引起一些额外的费用，在制定新计划时必须将这些偏差费用考虑进去。因此，在构建应急管理的目标函数时，要包含这种偏离成本而产生的惩罚项。研究表明：在应急情况下，供应链采用改进的批发价数量折扣契约或能力约束线性定价契约都能协调供应链。

冯花平（2008）[142]在多扰动因素下，研究供应链应急管理的协调问题。研究表明：市场规模、价格敏感系数以及销售成本同时发生扰动时，原有的协调被打破，供应链通过新的数量折扣契约来协调应急情况下的供应链。

总体来说，在这个信息快速多变的时代，到处充斥着不确定因素，供应链在运作过程中常常会遇到各种各样的突发事件。从目前供应链应急管理的研究成果来看，大多数文献都是针对扰动发生后系统的修复问题。此类问题主要通过调整契约以适应新情况下的供应链。问题求解的关键是在成本最小化的前提下，把新计划造成的偏差成本纳入新的目标函数和约束条件中，通过调整契约参数、决策变量以获得应急情况下的最优解。

相对于契约，供应链的应急机理、应急体系建设以及分类分级管理研究都处于较为滞后的状态。由于应急事件的种类不同，它的应急机理也就不尽相同，而应急机理的研究是开展供应链后续研究的基础，所以很有必要加强供应链的应急机理研究。另外在应急体系的建设中，预案研究是必不可少的一环。而对于应急预案的研究还有很多地方值得挖掘：比如风险源的识别以及风险在供应链中的传递方式；应急专家知识系统的建设问题；应急信息的发布和评估渠道建设问题；应急方案的实施、事后处理及其评估都值得进一步研究。

如何把消费者行为与供应链应急结合起来，也是应急管理中一个比较引人注目的方向。由于供应链中应急事件发生突然，难以预测，在发生时人们常常措手不及，因此在应急事件发生的过程中，常常伴有消费者异常的消费行为，如“三鹿奶粉事件”导致消费者抵制消费国内奶粉，又如“非典事件”，导致消费者哄抢板蓝根制剂，造成相关药品千金难求。这种异常举动严重影响供应链的整体运作。因此在应急条件下，把行为经济中的相关理论用于研究消费者，乃至整个供应链的运作也是一个很好的方向。此外，虽然应急情况下的契约研究相对较多，但是基本都是在假设需求和成本发生扰动情况下展开的研究，没有考虑资金流受限的情况，而在金融危机的大环境下，资金流受限很可能是一种普遍现象。因此在资金流有限的情况下，进行供应链应急研究很可能得到一些有意义的结论。

1.4　不确定性下的供应链伙伴关系综述

随着经济全球化步伐不断加速，企业的外部环境与过去相比，发生了很大的变化。顾客的需求越来越个性化，供应链面临的竞争对手也越来越多，更多的商品表现出易逝品特征，供应链应急事件的爆发频率也越来越高。总之，市场的不确定性正在逐步加剧。供应链要想在这场残酷的竞争中获得胜利，除了通过提高产品的质量和服务，来提升链中各企业的核心竞争力外，还需各企业加强合作，努力降低不确定性给供应链带来的负面影响。上世纪九十年代，一些亚洲供应链企业的成功经验，就提供了很好的例证。Maloni、Benton (1997)[143]研究表明这些供应链企业之所以成功，是因为它们从过去竞争、对抗的关系转变成一种新型的供应链伙伴关系，有时也被称为战略联盟 (Strategic Alliance)。在这种新型关系下，供应链企业专注于增强自身的核心竞争力，而将非核心业务战略外包，通过与外包企业强强联手，建立一种新型的合作伙伴关系以确保经营目标的顺利实现。这种合作伙伴关系既不同于传统的采购商/供应商关系，也不同于垂直一体化所导致的上下级关系。供应商、制造商与分销商等企业在信任、合作的基础上，打破传统企业的边界划分，通过借用彼此的核心能力，减少投资上的重复和浪费，从而提高渠道成员的资金和运作效率，减少供应链的库存，增强成员间的信息共享程度，最终达到提升供应链的整体竞争力。

关于供应链伙伴关系的研究，实证是常用的手段。Wilson（1983）[144]通过对一百多家英国公司进行调研发现，零售商为了削减搜寻、管理、维护供应商的成本，通常希望把供应商的个数缩减到一定范围，同时尽量与这些供应商维持一种长期的合作关系。Jeffrey（1996）[145]对汽车工业中，公司间专有资产投资与汽车性能之间的关系进行了实证研究。研究表明：汽车供应商在专有资产方面的投资与汽车性能正相关；公司的专有人力资本的投资与汽车质量、新车开发周期正相关；此外，生产场所的专有资产投资与减少库存成本正相关。研究还发现伙伴间加强专有资产投资能够维持投资者的竞争优势。Maloni、Benton（2000）[146]对过去十多年汽车行业的回顾表明：有效的供应链伙伴关系管理能够消除渠道成员的短视行为，从而显著地提升供应链的整体竞争力。同时，良好的伙伴关系能够从以下几个方面减少伙伴的成本和不确定性：①减少零售商在原材料成本、定购数量、订货提前期方面的不确定性；②减少供应商在市场、产品规格以及客户需求方面的不确定性；③可以同时减少供应商与零售商的机会主义行为。此外，良好的伙伴关系还能减少管理成本，整合技术与处理流程，改善供应链的绩效。

Marcia（1999）[147]研究了快速响应计划对供应链联盟的影响。该计划是澳大利亚政府为了提升本国纺织行业在全球的竞争力而推行的。它的目的是希望通过供应链成员间的积极响应，从而缩短产品从生产到交付的时间周期。研究表明：由于该计划的顺利实施，供应链成员间建立了良好的伙伴关系。这使得行业收入从110万澳元增加到210万澳元，按单定购的比例从53%增加到92.6%，库存周转时间从每年的8%增加到16%，而产品被拒绝接收的概率从2.5%下降到2.1%。这些实证进一步表明，加强供应链伙伴关系的建设，能在一定条件下，使产品上市的周期缩短、生产成本降低、企业利润增加、客户的满意度增加。伙伴之间通过信息共享、分担风险、利润共享等具体操作形式，能使成员间分享更多的资源，并促使成员间形成一种长期的承诺，从而有利于保证契约在企业中的执行力度。这充分体现了供应链节点企业间合作共赢的理念。

Pansiri（2008）[148]对旅游行业中影响联盟绩效的伙伴特征进行了实证研究。研究表明：承诺和能力与联盟的绩效正相关；伙伴间的兼容性与联盟成员中的高管满意度正相关；决策控制力、信任感也与联盟运作性能正相关。同时研究也指出由于大多数旅游公司规模都不大，所以它们缺乏足够的资源参与市场竞争和市场扩张。为了克服这些不足，这些小企业需要整合力量，因而建立合作伙伴关系的战略联盟是一个好选择。

Holmberg（2009）[149]针对战略联盟如何选择合作伙伴进行了研究，并在文中给出了选择合作伙伴的关键步骤：①罗列战略联盟的目标；②形成一套评估关键成功因素的指标；③把目前的价值网与潜在的价值网进行匹配；④用动态伙伴选择工具对目标进行分析。最后，用联盟资源较为丰富的旅游行业做了相应的例证。研究表明：运作成功的联盟不仅在合作企业的资源和能力上具有高度一致性，而且在某些组织属性上也具有很高的一致性。管理者通过选用恰当的合作伙伴选择工具，有助于他们从多维度来理解联盟的运作策略。

在伙伴选择中，利用各种数学工具进行评估也是常见的方法。例如在供应商的选择中，由于供应商在交货时间、产品质量、订货提前期、库存水平、价格折扣、产品设计等方面都对下游的制造商产生影响，所以供应商的选择是一个多目标、多层次的问题。常用的选择方法主要包括：多目标规划、线性规划法、混合整数规划、成本法、非线性规划法、模糊规划法，及各种智能方法等。

Gaballa（1974）[150]首次把混合整数规划法用于供应商的选择问题。由于一些大公司每年都会花费大量的资金订购商品，所以他们经常都会面临如何把有限的资金合理地竞标。针对这个问题，以采购成本最小化为目标函数，以生产能力、折扣范围为约束条件，建立了混合整数规划模型，并讨论了数量折扣与价格折扣问题。

Chaudhry、Forst（1983）[151]研究了多资源网络下供应商的选择问题。并在选择过程考虑了供应商和买主两方面的影响。对供应商来说，他在组织生产和价格折扣方面有一定要求；对买主来说，他会对价格、交付时间以及产品质量有一定要求。综合两方面的因素，建立了以采购成本最小化为目标，产品质量和交货期为约束条件的混合整数规划模型。并对全额数量折扣、超额数量折扣、总量数量折扣、增量数量折扣进行了讨论。

此外，在供应商的选择过程中，由于目标的不同常常会导致冲突。为了解决这个问题，又引入多目标规划模型以协调供应商选择过程中出现的目标冲突问题。Weber、Current（1993）[152]以供应商能力、市场需求、政策、资金、供应商数量作为约束条件，建立了商品的价格、质量、交货期的多目标函数，并在该模型下讨论了供应商的选择问题。Ghodsypour（2001）[153]在多资源情况下，研究了供应商的选择问题。在供应商产量和买者预算受限的情况下，建立了关于价格、总成本（包括：存储、定购、交易成本）的多目标模型。研究表明：该模型具有很强的适应性，在单资源、多资源，以及有无约束条件下都可以计算出经济采购量。能够为管理者的购买行为提供灵活的策略支持。

随着研究的深入，需要考虑的因素也越来越多，这使得模型求解析解变得非常困难，所以人们开始尝试用各种非解析的方法来解决供应商的选择问题。其中，数值仿真和智能方法是很有发展潜力的两种方法。因为仿真可以通过一些数学软件对模型求解问题，所以在建立仿真模型时，可以考虑各种复杂因素。因此这种方法比较适于供应商的选择。Albino、Garavelli（1998）[154]提出基于神经网络的决策支持系统。Weber、Desai（1996）[155]等提出用数据包络分析法来评价供应商的选择问题。这些方法相对于前面的数学规划法来说，对数据的要求降低了，因而可操作性也就增加了。随着人工智能技术的进一步成熟，以及规则推理、案例推理、统计学习理论的进一步完善，该方法必有进一步发展的空间。

Sung、Krishnan（2008）[156]把层次分析法（Analytic Hierarchy Process）、数据包络分析法（Data Envelopment Analysis）、神经网络法（Neural Network）结合起来，研究了如何在竞争性环境下进行供应商选择的问题。研究表明在不同的决策情形下，供应商的选择方法可以灵活选择，而且把不同的算法结合起来评估供应商的选择问题，是一个行之有效的方法。算法的好坏与目标域的确定有一定关系。

在供应链伙伴关系的研究中，影响供应链伙伴关系的关键因素也是一个研究热点。一般来说，共同的企业目标、公平的利益分配机制、专有资产投资、信任、交叉持股、新产品联合开发、信息共享等是常见的影响因素。

Fynes、Burca（2008）[157]通过供应链伙伴关系特征模型，研究了伙伴关系的质量对供应链性能的影响。研究表明：供应链中伙伴的质量与供应链的性能正相关；如果伙伴关系建立的时间越长，则供应链的伙伴关系质量对性能影响也就越强。此外，维护伙伴关系要求供应商、零售商经常进行交流与协调。这也暗示：伙伴关系的建立是一个长期的工程，企业应该把构建有效率的伙伴关系看做一种投资，而不仅仅看做一种花费。Glauco、Tekaya（2009）[158]用层次回归法分析了专有资产对伙伴关系的影响，并用相应的分解框架分析了不同的专有资产投资对供应链伙伴的影响。Danny、Priscila（2009）[159]研究了下游信息对供应商与买者协作关系的影响。这里的下游信息，是指从市场渠道获取的信息，它包括批发价格、零售商的分布信息等。研究表明：协调的伙伴关系与供应商和零售商的信息交流有关。

国内的学者也对供应链的伙伴关系进行了大量的研究。叶飞（2003）[160]把服务代理商概念引入虚拟企业，并根据伙伴和核心企业的紧密程度，对合作伙伴进行了重新定义与分类。通过分析传统虚拟伙伴的优缺点，提出了新的虚拟伙伴选择评价标准和伙伴选择框架。该框架包括了三个阶段：首先是市场机遇实现模式选择，接着是给定各类合作伙伴的评价指标；最后是合作伙伴的综合评价过程。

陶青、仲伟俊（2002）[161]利用交易成本经济学中的相关概念，在信任与机会主义并存的情况下，研究了合作伙伴关系中双方资源投入程度对其收益的影响，并建立了合作伙伴的两阶段动态模型，分析了各阶段的资源投入对伙伴关系的影响。研究表明：企业为了使其收益最大化，应选择合适的资源投入范围。

聂茂林（2006）[162]针对传统的常权综合法在评价供应链合作伙伴时，存在以下两方面问题进行了研究：①常权综合法难以体现企业在特定环境下对某些重要决策因素在均衡性方面的要求；②常权综合法在实施上也存在着一些缺陷，即在某些情形下违背了各影响因素间不能相互替代的原则。聂茂林提出了基于可拓理论与变权理论相结合的层次变权优度评价法，通过实例的对比研究表明：层次变权优度评价法不仅能克服传统常权综合法的缺陷，而且在使用上更为灵活、有效。

李辉（2008）[163]综合国内外多篇文献，从供应链伙伴关系的基本理论、伙伴关系的管理现状、伙伴的组成问题、伙伴关系的维护问题、伙伴的信任问题等五个方面，对供应链伙伴关系的管理做了很好的综述。研究表明：伙伴关系维护研究还有待加强，此外把供应链伙伴关系与信任管理、智能推理以及仿真技术相结合方面做得不够，它们都是未来很好的研究方向。

总的来说供应链的伙伴关系研究还有待进一步加强，特别以信任为基础的供应链伙伴关系研究值得继续深入。因为目前信任和供应链伙伴关系研究处于相对独立的状态，交叉研究比较少。而信任又是一个多维决策问题，不同的维度对供应链的影响有所差异。例如从风险承担的角度考察信任，是指愿意承担对方行为带来的不确定性；而从义务履行的角度来说，信任是指双方信任对方会有效履行承诺。因此从不同的信任维度来研究供应链伙伴关系是一个很有意义的方向。此外，把公平性和供应链伙伴关系结合起来也值得研究。因为公平是双方建立伙伴关系的基础，供应链企业只有在目标一致，且分配公平下才能建立牢固的联盟，从而降低外界和系统内部的不确定性，使双方的合约能够顺利实施。还有，把供应链伙伴关系的研究与人工智能以及仿真技术结合起来也是一个不错的选择。因为通过引入智能推理和仿真技术，能够降低决策者对数据的要求，在不能得到解析解的情况下，也能顺利得到想要的数值解。因此在新政策实施之前，可以通过仿真评估其未来效率，这一方面为企业节约了成本，为改善供应链的绩效发挥了重要作用；另一方面，仿真技术为描绘相互依赖的组织之间的复杂关系提供了实践基础。再有，从目前的研究现状来看，供应链伙伴关系的实证研究较多，理论研究较少。因此借用别的分支或学科的工具加强供应链伙伴管理的理论研究值得注意。最后，从风险控制的角度来研究供应链的伙伴关系也值得尝试，因为供应链的风险不仅受社会和企业物流环境的影响，也受到供应市场和产品销售市场的影响，还受到政治经济环境以及自然灾害的影响。由于影响因素众多，所以这方面的研究存在很大的拓展空间。

1.5 问题提出

供应链管理的本质就是合作与协调，但是由于供应链中的企业合作会因信息不对称、信息扭曲以及市场、政治、经济、法律等因素的变化而产生许多不确定性因素。这些不确定性因素对供应链企业所造成的影响是不一样的，其处理方式也有很大不同。所以本书按不确定性可预测、与负面影响来划分。对于那些可以预测的常规性不确定性，可以通过选用适当的契约来协调供应链。而对于那些难以预测的异常性不确定性，我们希望通过预案管理来减小异常不确定性带来的负面影响。不过不管是契约还是预案管理，都是一种外部措施。为了增强供应链抵御风险的能力，还需要从供应链的内部着手，通过在伙伴间建立良好的关系，来减小不确定性的负面影响。根据前面对供应链协调、应急、伙伴关系的研究现状分析，发现这些研究中主要存在以下几个方面的问题：

①在常规性不确定性下，采用契约机制来协调供应链是最为常用的方法。特别是在单产品、单周期的研究中，基于报童模型的供应链契约研究最为常见。在这众多的契约中，回购契约因结构简单、可操作性强，而备受关注。通常来说，供应商希望通过回购契约来补偿零售商在季末没有售完的产品，以此促使他们销售季节前多订货。Pasternack（1985）[41]在报童模型的基础上，分析了供应链协调的回购策略，并根据退货数量和退货价格对契约进行分类和讨论。国内的学者贾涛、徐渝等（2006）[49]研究了在有存货促销条件下如何用回购契约来协调供应链。但是这些文献大多忽略了一个重要的问题，那就是批

发价的议定过程。而在实际的交易活动中，这个过程非常常见。因为众所周知，供应链中的议价过程，主要是指供应商与零售商商榷批发价的过程，以此确定他们对商品利润划分的基调，而回购参数主要用来降低零售商的或有损失或风险，该参数只对利润划分起微调作用。以往的文献很少把议价过程与供应链回购契约结合起来讨论。

②现有文献对单产品供应链研究较多，而对多产品情形研究较少。事实上，在今天的市场上，我们随处都能发现销售多产品的供应链。特别是手机市场最为明显，手机销售商通常以销售多产品为主，但是不同的手机公司在销售手段、方法上又存在很大区别。一般来说，小公司常以低价商品为其竞争砝码，他们希望通过低廉的价格来扩大客户的需求，所以电视直销和降价促销是其最为常用的营销手段。而大公司则偏爱一种间接广告方式。他们通常以销售系列产品为主，而广告等对外宣传往往集中在高端产品，通过不断推出新的高端产品，强调其强大的功能、个性化的管理及其完善的售后服务等，来扩大市场影响，树立品牌效应。这些广告从表面上看并没有直接宣传低端产品，但是通过实地调查和访谈知道，采用这种模式的公司大多还是依靠中低端的产品来盈利。如何透过这种广告现象，来理解大公司成功推出高端产品后，究竟会对低端市场产生什么样的影响，供应链又该如何运用契约进行协调是一个有趣的研究课题。

③虽然异常不确定性是导致供应链发生应急事件的重要因素，但有效的应急管理能帮助抗击应急事件给供应链带来的损害。目前学术界对供应链应急管理还没有一个普遍认同的涵义，但已有不少研究者开始进行相关研究。如奥斯汀分校的于刚教授等在应急管理的前沿，做了许多开创性的工作，他不仅把“扰动”理论成功引入供应链应急管理，而且开发的应急管理决策支持系统OpsSovler和CrewSolver帮助大陆航空公司成功应对“9·11”事件，为公司挽回了数千万美元的损失。此外，国内的于辉、许明辉、陈剑等也在应急管理的研究中做了大量的工作。不过通过供应链应急管理文献综述的回顾，不难发现已有的文献基本上都是针对突发事件发生后，供应链应该采取何种策略来消除事后的不利影响而展开的，但它们没有探讨供应链应急事件的发生机理，也就是突发事件发生、发展、衍生及其扩散的规律。因此如何从源头上认清供应链应急事件发生的一般规律，是供应链应急管理中一个亟待解决的问题。

④在供应链应急管理的研究中，关于供应链应急预案的研究非常少。直到最近于辉、陈剑（2007）[164]开始尝试用局内决策的方法构建供应链的应急预案，开创了供应链应急预案管理的先河，并通过引入“竞争比”来刻画预案

的有效性。这是目前为数不多的关于供应链应急预案管理的文献。由于供应链应急预案管理是一门涉及预案管理与供应链应急的交叉学科，它的涉及面比较宽，加之研究工作开展较晚，所以整个供应链的应急预案研究还处于起步阶段。现有的文献对供应链在应急事件中遭受损失的定量研究还很匮乏。这主要源于两个方面的原因。从主观上来说：对供应链应急的本质和规律认识还不够深入；从客观上来说：由于供应链是以核心企业为中心，通过信息、资金、物流协调运作，而把链中独立企业连成一个整体的联盟，因而供应链中个体企业之间相互影响较大。由此导致了供应链的应急管理具有一定的特殊性。如想简单地照搬个体企业评估损失的方法就很难得到满意的结果。加之个体的消费行为在供应链应急期间与平时相比也发生了很大的变化，所以如果不考虑这些因素，就难以刻画供应链的应急损失。因此很有必要在应急条件下，结合消费者行为的变化，来寻求新的评估供应链应急损失的方法，从而制定出满足应急特征的、具有动态管理特性的供应链应急预案。

⑤如何应对不确定性，把它对供应链的负面影响降到最低，一直是业界和学术界思考的问题。契约机制和预案管理通过借助某种外部手段，有效帮助供应链应对不确定性带来的负面影响，但是能不能从供应链的内部着手，通过加强联盟的伙伴关系建设，以此增强联盟抵御风险的能力。通常来说，加强供应链伙伴关系的建设被认为是一个行之有效的方法。因为良好的伙伴关系，不仅为供应链盈利创造了条件，而且也为企业间顺利实施各种契约和协议提供了保证，此外良好的伙伴关系有助于减少道德风险和逆向选择的发生。从前面关于供应链伙伴关系的综述可以看出，学者们在供应商的选择以及影响供应链伙伴关系的关键因素上做了很多工作。但是很少有人，从时间演化和资产专有性的角度来分析供应链伙伴关系对整体绩效的影响，进而研究伙伴关系与契约执行力之间的关系。因此这方面的问题目前尚待解决。

因此，基于上述问题，本书在不确定性条件下，展开对供应链的契约协调机制、应急管理的研究，并讨论了伙伴关系建设与增强供应链抵御风险能力的关系。希望通过这几方面的研究，能让供应链企业充分认识不确定性对联盟运营和生存所造成的巨大影响，并进一步为企业管理者在不同的情形下做出正确决策提供帮助。

1.6 研究内容

本书基于常规不确定性与异常不确定性的划分，展开相关研究。重点讨论了供应链契约协调机制、应急发生机理以及应急预案研究，并从资产专有性的角度探讨了供应链伙伴关系的建设问题，最后从伙伴关系建设与减少内部风险入手，探讨了加强伙伴关系对供应链契约以及各种管理措施的执行力度影响问题。研究内容包括了单产品供应链与多产品供应链模型，研究方法主要包括：契约理论、博弈论、非线性动力学。本书后续章节的安排如下：

第二章考虑常规不确定性下，一个由单一供应商和零售商组成的二级供应链。他们共同面对随机的市场需求。供应商向零售商提供单一的易逝性商品，且双方对商品的市场估价存在着不对称现象。这种不对称可能是由于供应商和零售商对产品的市场前景以及销售状况的估计存在偏差而造成的。在销售季节到来之前，双方首先需要通过双向拍卖的议价方式来确定新销售季节的批发价格；接着确定供应链的最优订货量与回购系数，以使供应链协调；最后用比较静态分析的方法分析参数对契约的影响，以及相关的经济意义。该部分的研究主要是对报童问题进行了一定的拓展，并运用静态贝叶斯博弈的方法刻画了供应链中供应商与零售商的批发价格议定过程。

第三章考虑一个由单一供应商和零售商组成的二级供应链，他们共同面对随机的市场需求。不过此时供应商向零售商提供两种商品。该部分的研究对象来自于某品牌手机销售商，研究目的是想了解当供应商采用间接广告的方式（即通过推出高端产品来刺激低端产品市场）时，他们如何确定新产品的最优成本。并在最优成本基础上建立了非对称信息下多产品的批发价与订货量的 Stackelberg 博弈模型，给出了供应商和零售商在集中决策和分散决策下的博弈均衡，同时建立了线性价格折扣共享契约（Price-Discount Sharing）来协调该供应链。

第四章是供应链应急事件的机理研究。供应链应急事件就是发生在供应链中的突发事件。由于近几年来，供应链突发事件频繁发生，给国家和人民造成极大的损害，所以供应链的应急管理是近年来的一个研究热点。从供应链应急管理文献综述的回顾中，可以发现已有的文献基本上都是研究突发事件发生后，供应链应该采取何种策略来消除事后的不利影响，但它们都没有探讨供应链应急事件的发生机理。本章首先运用非线性动力学中研究流体同步的方法，建立了供应商和零售商在多周期销售中运作协调的动态模型。该模型从定量的角度描述了供应商和零售商从运作协调到发生应急事件的全过程，并给出了应急事件持续时间的求解方法。

第五章在第四章基础上，进行了供应链应急预案研究。利用应急管理中的分级思想和新消费者行为理论，提出了在应急事件下，估计供应链损失的新方法。通过该方法能够比较容易地算出供应链应急损失值，然后把该值与应急预案的阈值进行比较，从而确定供应链应急预案的启动时机。

第六章讨论了如何加强供应链的伙伴关系建设，以便从供应链的内部增强抵御风险的能力。首先从资产专有性的角度出发，研究了供应链伙伴关系对利润的影响。利用交易成本经济学中的资产专有性的观点，建立了供应链中伙伴关系在合作状态下的动态演化方程；然后利用微分对策论讨论了供应链伙伴关系对其利润的影响；并运用动态规划的原理，得出合作条件下的静态纳什均衡策略。最后，通过博弈论的方法，研究了伙伴关系与契约执行力度之间的关系，研究表明加强伙伴关系建设有助于契约和各种合约的执行，从而达到减小内部风险的目的。

最后本书总结了论文的主要研究结论和创新点，并提出了一些今后可以进一步研究的方向。

第二章 基于双向拍卖机制的供应链回购契约研究

易逝品供应链契约研究一直是供应链管理中一个热门的研究点。本章在常规不确定性条件下，对该类供应链的契约进行了研究。针对供应商与零售商在批发价估价问题上，因信息不对称存在的估价不一致行为，运用双向拍卖机制来进行议价，协商出一个双方认可的批发价，并在此基础上，运用改进的回购契约来协调供应链。研究表明，基于双向拍卖议价机制的回购契约能有效增强协商能力，并实现双方利润的任意划分，更好地达到供应链协调。

2.1 引言

随着科技进步和市场竞争的加剧，产品的生命周期正在逐渐缩短，越来越多的产品（如个人计算机、信息产品和服装等）表现出易逝品（Perishable Products）的特征，具体表现为时效性强、产品需求波动大、生产提前期长等。如果易逝品在它的销售期（生命周期）内没有售完，那么它的剩余价值将会变得很低，甚至沦为负值。这就使得易逝品供应链的决策者比一般产品供应链的决策者面临更大的风险。据报道，IBM 公司的 ValuePoint 品牌计算机在 1994 年有价值 7 亿美元的过剩库存，而在 1995 年他们的 Aptiva 品牌计算机又损失了 1 亿多美元的潜在收益。而 Fisher、Raman 观察到时尚品牌服装制造商的订货量普遍比理论研究中风险中性的制造商的订货量低；Schweitzer、Cachon 通过对报童的决策行为进行实验测试，发现所有报童的实际决策几乎都偏离利润最大化时的决策点。同时根据我们对国内易逝品供应链管理现状的广泛调研，先后涉及服装制造、食品加工、消费电子产品和医药生产等多个行业，发现国内企业也普遍存在上述类似的问题。易逝品的普遍存在，及其固有的风险性特征，使得易逝品供应链的研究分外热门。如何通过有效的契约机制，以加强易逝品供应链的管理，减小风险，提高绩效，是近年来供应链研究的重点。

而在对易逝品供应链的研究中，我们发现，此类供应链中经常存在着严重的信息不对称现象。这主要由两方面的原因造成：一方面是由于供应链自身的结构所决定的。因为在供应链中，零售商一般比供应商更靠近消费者，所以他们拥有更多市场和销售方面的信息。另一方面是由于供应链中各方出于对自身利益的保护，通常会隐藏部分重要的私有信息。

近年来，关于供应链中非对称信息的研究比较多。Gan、Sethi（2004）[165]指出了在信息不对称情况下研究供应链协调的重要性，并通过设计一个菜单式的契约来实现协调。Corbett、Groote（2000）[75]在非对称信息条件下，对供应商如何设计最优折扣策略的问题展开研究，并把结果与完全信息下的结论进行了比较，研究表明在非对称信息下，整个供应链的绩效下降了，但是与完全信息下没有任何协调的合同相比还是更有效率。Corbett、Tang（2004）[90]研究了在非对称信息情况下，供应商如何获得确切可靠的下家成本信息结构，有助于给零售商提供更为合理的契约，研究发现在两阶段合同中信息具有更高的价值。国内学者晓斌、刘鲁（2004）[94]研究了在非对称需求信息下两阶段供应链的Stackelberg博弈问题，并给出了信息不对称下的供应链协调机制。赵泉午、卜祥智（2006）[166]针对单供应商和多零售商的两级供应链，在信息不对称的情形下，研究了供应商如何采用返利策略来实现期望利润最大化的问题。郭琼、杨德礼（2006）[167]利用批发价契约分析了不对称信息下，供应链绩效低下的原因，并运用信号博弈理论设计了相关的期权契约。研究表明：通过激励信息优势方向信息劣势方提供真实的市场需求信号，并据此制定供应商的相关生产决策，以及零售商的期权购买决策，最终可以使供应链协调。周永务，杨善林（2006）[168]等在信息不对称的环境下，利用斯坦伯格结构对简单的报童模型进行了定价问题的研究。研究表明：利用数量折扣契约不仅可以提升整个渠道的效率，而且也可以增加供应商与零售商的利润从而达到双赢。

在各种契约的研究中，回购契约由于结构简单、易于执行的特点，而一直备受业界与学界的关注。例如宝洁公司就是通过回购契约来处理剩余产品。Pasternack（1985）[41]在报童模型的基础上，分析了供应链协调的回购策略，并根据退货数量和退货价格对契约进行分类和讨论。Cachon（2003）[169]对常用的供应链契约给出了很好的综述，并指出未来该领域的研究方向。国内学者贾涛、徐渝等（2006）[49]研究了在市场需求随机依赖于零售商的初始库存量，且库存成本是非线性的情况下，回购契约如何来协调供应链。于辉、陈剑（2005）[50]研究了在突发事件造成零售商的需求发生变化时，如何用改进的回购契约来协调供应链。研究表明：在改进的回购契约下，供应链对突发事件造成的需求变化具有很强的鲁棒性。

从上述关于回购契约的文献回顾中不难发现，在面对不确定的随机需求时，很多供应商希望通过回购契约来激励零售商多订购产品。但是他们忽略了一个重要的方面，那就是批发价的议定问题。通常供应链中的议价是指：供应商确定对零售商销售商品的批发价格，以此确定供应链中双方对商品利润划分的基调。而回购参数的主要作用是通过供应商回购零售商没卖完的商品，以此来降低零售商的或有损失或风险，它对整体利润划分只有微调作用。由于以往的文献很少把议价过程与回购契约结合起来分析，所以本章将针对这个问题展开研究。

本章的模型考虑了一个由单一供应商和零售商组成的二级供应链。他们共同面对随机的市场需求。供应商向零售商提供单一的易逝性商品，且双方对商品的市场估价存在着不对称现象。这种不对称可能是由于他们对产品的市场前景以及销售状况的估计存在着偏差。在销售季节到来之前，双方首先需要通过双向拍卖的议价方式来确定新销售季节的批发价格；接着确定供应链的最优订货量与回购系数，以使供应链协调。本模型和其他回购契约最大的不同是：引入双向拍卖机制来刻画批发价 w 的协商过程，并给出了相应的交易区间。

本章结构是，第一节首先对供应链中的契约问题的研究文献进行了简单的概述；第二节对线性出价策略下的双向拍卖机制进行分析；第三节沿用第二节中双方在议价过程中确定的批发价格，并运用回购契约来协调供应链；第四节通过比较静态分析的方法，考虑了议价能力 k 与订货量、批发价格、回购参数之间的关系，并讨论了议价能力对于供应商和零售商之间贸易成交的影响；最后是本章小结。

2.2 双向拍卖定价模型分析

考虑一个简单的报童模型：它由一个供应商和一个零售商构成，双方都是风险中性的理性个体，面临单一的销售季节和随机的市场需求。在销售季节来临之前，零售商只有一次订货的机会。由于供应商和零售商对产品的估价都是私有信息，且没有共享，这会导致双方对市场预期存在着一定的偏差，而这一偏差会直接影响双方的交易决策。

为了减小信息不对称带来的困难，本书引入双向拍卖机制[170]。该机制实际上是不完全信息下的静态贝叶斯博弈。根据海萨尼转换引入一个虚拟的局中人“自然”。它首先给出供应商的估价类型 v_s，并告知供应商；同时它也给出零售商的估价类型 v_r，并告知零售商。此估价类型的精确值是私有信息，不被交易伙伴共享，但它们的分布函数是一个共有知识。只有当供应商和零售商明确了自己在每一个可能估价类型下的出价策略 $w_i(v_i)$，$(i = r, s)$ 后，才决定自己的交易价格。为了便于分析，模型中的符号定义：

v_s 代表供应商对商品的估价，它服从 [0, 1] 的均匀分布；

v_r 代表零售商对商品的估价，它也服从 [0, 1] 的均匀分布；

供应商的一个出价策略是 $w_s(v_s)$，它是自身对商品估价 v_s 的线性函数；

零售商的一个出价策略是 $w_r(v_r)$，它是自身对商品估价 v_r 的线性函数；

供应商给出一个卖价 w_s，它是供应商众多出价策略中的一个；

零售商也给出一个买价 w_r，它是零售商众多出价策略中的一个。

$k \in [0, 1]$，表示供应商的议价能力。如果供应商的议价能力越强，那么 k 值就越大，这样他便能从供应链的整体销售中获得更多的利润。

该博弈规则如下：

如零售商的出价高于供应商的出价，即 $w_r \geqslant w_s$，则以价格 $w^* = w_s + k(w_r - w_s)$ 进行交易；如果 $w_r < w_s$，则双方不发生交易。当供应商以价格 w^* 达成交易，那么供应商获得的效用为 $w^* - v_s$；同理，当零售商以 w^* 的价格达成交易，那么零售商获得 $v_r - w^*$ 的效用，否则效用也为 0。

根据双向拍卖理论可知，如果满足以下两个条件，则策略组合 $\{w_r(v_r), w_s(v_s)\}$ 即为该博弈的贝叶斯纳什均衡。

(1) 对于零售商在区间 [0, 1] 内的一个估价为 v_r，其出价策略 $w_r(v_r)$ 应该满足：

$$\max_{w_r}[v_r - (kw_r + (1 - k)E[w_s(v_s) \mid w_r \geqslant w_s(v_s)])]p(w_r \geqslant w_s(v_s)) \quad (2-1)$$

公式 (2-1) 中的 $p(w_r \geqslant w_s(v_s))$ 表示零售商出价 w_r 时交易成功的概率。$[v_r - (kw_r + (1 - k)E[w_s(v_s) \mid w_r \geqslant w_s(v_s)])]$ 代表零售商交易成功时获得的效用，其中 $(kw_r + (1 - k)E[w_s(v_s) \mid w_r \geqslant w_s(v_s)])$ 代表交易成功时的价格。$E[w_s(v_s) \mid w_r \geqslant w_s(v_s)]$ 表示当零售商的出价高于供应商的出价时，供应商出价的期望值。

(2) 对于供应商在区间 [0, 1] 内的一个估价为 v_s，其出价策略 $w_s(v_s)$ 应该满足：

$$\max_{w_s}[((1 - k)w_s + kE[w_r(v_r) \mid w_r(v_r) \geqslant w_s]) - v_s]p(w_r(v_r) \geqslant w_s) \quad (2-2)$$

公式 (2-2) 中的 $p(w_r(v_r) \geqslant w_s)$ 表示供应商出价 w_s 时交易成功的概率。

$[((1-k)w_s+kE[w_r(v_r)\,|\,w_r(v_r)\geq w_s])-v_s]$ 代表供应商交易成功时获得的效用，其中 $((1-k)w_s+kE[w_r(v_r)\,|\,w_r(v_r)\geq w_s])$ 代表交易成功时的价格。$E[w_r(v_r)\,|\,w_r(v_r)\geq w_s]$ 表示当供应商的出价小于零售商的出价时，零售商出价的期望值。

如前所述，供应商和零售商的出价策略均为自身估价的线性函数，且估价类型 $v_i(i=s,\ r)$ 在 $[0,\ 1]$ 服从均匀分布，所以他们的策略满足下面的表达式和出价区间：

$$w_s(v_s)=a_s+b_sv_s,\ b_s>0,\ a_s\geq 0,\ (0\leq v_s\leq 1) \tag{2-3}$$

$$w_r(v_r)=a_r+b_rv_r,\ b_r>0,\ a_r\geq 0(0\leq v_r\leq 1) \tag{2-4}$$

$$a_s\leq w_r(v_r)\leq a_s+b_s,\ a_r\leq w_s(v_s)\leq a_r+b_r \tag{2-5}$$

公式（2-3）和（2-4）分别是供应商和零售商的出价策略，从中可以看出，该策略与商品的估价成正比：估价越高，商品的出价也就越高。此外 $a_i\geq 0$，$(i=s,\ r)$ 可以理解为他们对商品出价的底线，由于出价不可能是负数，所以假定它们非负。公式（2-5）是一个理性供应商、零售商为了确保交易能够顺利进行，而设定的出价范围。由于出价策略函数和估价分布是共享的信息，所以供应商和零售商可以根据这些信息得到一个相应的出价范围。

根据公式（2-3）、（2-4）可以算出公式（2-1）、（2-2）中相关的概率项和数学期望项：

零售商出价 w_r 时交易成功的概率：

$$p(w_r\geq w_s(v_s))=p(w_r\geq a_s+b_sv_s) \tag{2-6a}$$

$$=p(w_r\geq a_s+b_sv_s) \tag{2-6b}$$

$$=(w_r-a_s)/b_s \tag{2-6c}$$

把公式（2-5）代入公式（2-6c），可以得到 $0\leq p(w_r\geq w_s(v_s))\leq 1$。

供应商出价 w_s 时交易成功的概率：

$$p(w_r(v_r)\geq w_s)=p(a_r+b_rv_r\geq w_s) \tag{2-7a}$$

$$=p(v_r\geq (w_s-a_r)/b_r) \tag{2-7b}$$

$$=(b_r+a_r-w_s)/b_r \tag{2-7c}$$

把公式（2-5）代入公式（2-7 c），可以得到 $0\leq p(w_r\geq w_s(v_s))\leq 1$。

当零售商的出价高于供应商的出价时，供应商出价的期望值：

$$E[w_s(v_s)\,|\,w_r\geq w_s(v_s)]=E[a_s+bv_s\,|\,v_s\leq (w_r-a_s)/b_s] \tag{2-8a}$$

$$=\frac{E[a_s+b_sv_s,\ v_s\leq (w_r-a_s)/b_s]}{p(v_s\leq (w_r-a_s)/b_s)} \tag{2-8b}$$

$$=\frac{1}{(w_r-a_s)/b_s}\int_0^{(w_r-a_s)/b_s}(a_s+b_sv_s).\ 1dv_s \tag{2-8c}$$

$$=\frac{w_r+a_s}{2} \tag{2-8d}$$

同理，可以得到供应商出价小于零售商出价时，零售商出价的期望值：

$$E[w_r(v_r)\,|\,w_r(v_r)\geqslant w_s]=\frac{a_r+b_r+w_s}{2} \tag{2-9}$$

将公式（2-6c）、(2-7c)、(2-8d)、(2-9）分别代入公式（2-1）和（2-2)，有：

$$\max_{w_r}[v_r-(kw_r+(1-k)(w_r+a_s)/2)]\frac{(w_r-a_s)}{b_s} \tag{2-10}$$

$$\max_{w_s}[((1-k)w_s+k(a_r+b_r+w_s)/2)-v_s](b_r+a_r-w_s)/b_r \tag{2-11}$$

由于公式（2-10）和（2-11）中，关于 w_r、w_s 的二次项均为负，所以显然存在最大值。对公式（2-10）和（2-11）应用求极值的一阶条件有：

$$\frac{\partial[[v_r-(kw_r+(1-k)(w_r+a_s)/2)]\frac{(w_r-a_s)}{b_s}]}{\partial w_r}=0 \tag{2-12a}$$

$$\Rightarrow w_r=\frac{1}{(k+1)}v_r+\frac{k}{(k+1)}a_s \tag{2-12b}$$

同理：

$$\frac{\partial[[((1-k)w_s+k(a_r+b_r+w_s)/2)-v_s](b_r+a_r-w_s)/b_r]}{\partial w_s}=0 \tag{2-13a}$$

$$\Rightarrow w_s=\frac{1-k}{(2-k)}(b_r+a_r)+\frac{1}{(2-k)}v_s \tag{2-13b}$$

将公式（2-12b）、（2-13b）与公式（2-3）、（2-4）的系数进行比较，有：

$$\frac{k}{(k+1)}a_s=a_r \tag{2-14a}$$

$$b_r=\frac{1}{(k+1)} \tag{2-14b}$$

$$\frac{1-k}{(2-k)}(b_r+a_r)=a_s \tag{2-14c}$$

$$b_s=\frac{1}{(2-k)} \tag{2-14d}$$

对公式（2-14a)、(2-14b)、(2-14c)、(2-14d）化简整理有：

$$b_r = \frac{1}{(k+1)} \tag{2-15a}$$

$$b_s = \frac{1}{(2-k)} \tag{2-15b}$$

$$a_r = \frac{k(1-k)}{2(k+1)} \tag{2-15c}$$

$$a_s = \frac{1-k}{2} \tag{2-15d}$$

把公式（2-15a）、（2-15b）、（2-15c）、（2-15d）所得到的系数代入公式（2-3）、（2-4）可以得到：

$$w_s(v_s) = \frac{1-k}{2} + \frac{1}{(2-k)}v_s \tag{2-16}$$

$$w_r(v_r) = \frac{k(1-k)}{2(k+1)} + \frac{1}{(k+1)}v_r \tag{2-17}$$

公式（2-16）、（2-17）就是在该线性定价策略假定下得到的贝叶斯均衡。此刻供应商和零售商的出价为：$w_s = w_s(v_s)$，$w_r = w_r(v_r)$。根据前面的假设，在 $w_r \geqslant w_s$ 的条件下，交易价格为：

$$w^* = w_s + k(w_r - w_s) = \frac{1-k^3}{2(1+\mathrm{k})} + \frac{1-k}{2-k}v_s + \frac{k}{k+1}v_r \tag{2-18}$$

2.3 回购模型分析

本节延续第二节的分析，首先确定批发价 w^*，接着用回购契约来确定供应链的最优定购量 q^* 和回购参数 b。这两个参数的确定有这样两层意思：第一是确定供应链的最优定购量 q^*，并让零售商按最优定购量来购买商品，以使供应链达到协调；第二零售商在最优定购量的约束下，自身的销售风险可能增大。为了降低该风险，供应商以回购价 b 回收卖不完的商品，以提高零售商的积极性，此举实际上是对销售的残差利润进行分配。该模型有如下的假设：

① $c_s(c_s \geqslant 0)$ 是供应商的单位生产成本，$c_r(c_r \geqslant 0)$ 是零售商的单位生产成本，并且它们满足下列关系式：$c_s + c_r = c$；v 是季末未售出产品的残值，它满足 $v + b < c$，该式子表明零售商不能从剩余库存中获利；

② g_r 是惩罚系数：它表示零售商没有满足消费者需求时，所受到的惩罚；同理 g_s 表示供应商没有满足零售商时受到的惩罚。惩罚系数满足下式：$g_r + g_s$

$=g$；

③假定零售商订货量为 q，w^* 是交易区内零售商和供应商达成交易的批发价格，p 是零售商在市场上销售的零售价格，它是一个外生变量，满足：$p > w^* > c$；

④D 是一个表示市场需求的随机变量，假定 f 是需求的密度函数，F 是需求的分布函数，$\mu = E(D)$，表示需求的数学期望；

$$s(q) = q(1 - F(q)) + \int_0^q yf(y)dy = q - \int_0^q F(y)dy$$

$$I(q) = (q - D)^+ = \max(0,\ q - D) = q - s(q)$$

$$L(q) = (D - q)^+ = \max(0,\ D - q) = \mu - s(q)$$

此外，供应商在给定批发价 w^* 下付给零售商的转移支付 $T_b(q,\ w^*,\ b) = w^*q - bI(q)$；它表示零售商以批发价 w^* 定购 q 件商品，供应商以价格 b 回收没有售完的剩余产品 $I(q)$，以提高零售商的定购积极性。

在回购契约下，零售商的期望收益：

$$E(\pi_r(q)) = ps(q) - c_r q + vI(q) - g_r L(q) - T_b(q,\ w^*,\ b) \qquad (2\text{-}19\text{a})$$

$$= (p - v + g_r - b)s(q) - (w^* - b + c_r - v)q - g_r\mu \qquad (2\text{-}19\text{b})$$

供应商的期望收益：

$$E(\pi_s(q)) = g_s s(q) - c_s q - g_s\mu + T_b(q,\ w^*,\ b) \qquad (2\text{-}20)$$

整个供应链的期望收益：

$$E(\pi(q)) = \pi_r(q) + \pi_s(q) = (p - v + g)s(q) - (c - v)q - g\mu \qquad (2\text{-}21)$$

由于 $F(\quad)$ 是严格的增函数，且 $E(\pi(q))$ 是严格的凹函数，所以公式（2-21）一定存在唯一的最优定货量 q^*。用 q 对公式（2-21）两边求导，并应用一阶条件 $\partial E(\pi(q))/\partial q = 0$，可以得到最优订货量 q^*：

$$q^* = F^{-1}\left(\frac{p - c + g}{p - v + g}\right) \qquad (2\text{-}22)$$

在回购契约下，为了达到供应链协调，必须使零售商的定购量与供应链整体的最优定购量一样；因此通过比较公式（2-19b）和（2-21），发现当该契约满足下面两个等式时能够使供应链协调，其中参数 $\lambda(\lambda \neq 0)$ 可任意地划分整体的利润。

$$p - v + g_r - b = \lambda(p - v + g) \qquad (2\text{-}23)$$

$$w^* - b + c_r - v = \lambda(c - v) \qquad (2\text{-}24)$$

把公式（2-22）、（2-23）、（2-24）带入公式（2-19b），可以得到零售商在定购量为 q^* 下的期望利润函数：

$$E(\pi_r(q^*, w^*, b)) = \lambda(p - v + g)s(q^*) - \lambda(c - v)q^* - g_r\mu \tag{2-25a}$$

$$= \lambda\pi(q^*) + \mu(\lambda g - g_r) \tag{2-25b}$$

根据公式（2-25b）和（2-21），可以得到供应商的利润函数为：

$$\pi_s(q^*, w^*, b) = \pi(q^*) - \pi_r(q^*, w^*, b) \tag{2-26a}$$

$$= (1 - \lambda)\pi(q^*) - \mu(\lambda g_s - (1 - \lambda)g_r) \tag{2-26b}$$

2.4 比较静态分析

本节通过比较静态的方法，来讨论供应商的议价能力 k 对契约参数的影响。

命题 2-1：当 w_s 、w_r 与议价能力 k 无关时，批发价 w^* 与回购参数 b^* 同为供应商议价能力 k 的非减函数。

证明：根据第二节双向拍卖的交易规则的假设，有最优成交价 w^* 必然满足 $w^* = w_s + k(w_r - w_s)$ ，当 w_s 、w_r 与议价能力 k 无关时，对等式两边求导有 $\frac{\partial w*}{\partial k} = w_r - w_s$ ，又因只有 $w_r > w_s$ 时，才能进行交易，所以 $\frac{\partial w*}{\partial k} \geqslant 0$。因此 w^* 是供应商议价能力的非减函数。

为了求 b^* 与 k 的关系，首先把公式（2-23）带入公式（2-24），消去 λ ，可以得到下面的表达式：

$$b^* = \frac{(p - v + g)(w* + c_r - v) - (p - v + g)(c - v)}{(p - c + g)} \tag{2-27}$$

公式（2-27）两边对 k 求导可以得到：

$$\frac{\partial b^*}{\partial k} = \frac{\partial b^*}{\partial w^*}\frac{\partial w^*}{\partial k} \tag{2-28a}$$

$$= \frac{p - v + g}{p - c + g}\frac{\partial w^*}{\partial k} \tag{2-28b}$$

$$= \frac{p - v + g}{p - c + g}(w_r - w_s) \tag{2-28c}$$

根据第二节的假设知道 $p > c > v$ ，且 $w_r \geqslant w_s$ ，因而 $\partial b^*/\partial k \geqslant 0$，所以 b^* 是供应商议价能力的非减函数，命题 2-1 得证。

命题 2-2：在线性出价策略下，批发价 w^* 与回购参数 b^* 随议价能力 k 的增大而同步变化，且双方交易地位对等（ $k = 1/2$）时，交易效率取得最大值。

证明：在线性出价策略下，w_s、w_r 同为 k 的函数，此时 w^* 的值由公式（2-18）确定。用公式（2-18）对 k 求导可以得到：

$$\frac{\partial w^*}{\partial k} = \frac{-3k^2}{2+2k} - \frac{2(1-k^3)}{(2+2k)^2} - \frac{v_s}{(2-k)^2} + \frac{v_r}{(1+k)^2} \tag{2-29}$$

把公式（2-29）带入公式（2-28b）可以得到：

$$\frac{\partial b^*}{\partial k} = \frac{p-v+g}{p-c+g}\left(\frac{-3k^2}{2+2k} - \frac{2(1-k^3)}{(2+2k)^2} - \frac{v_s}{(2-k)^2} + \frac{v_r}{(1+k)^2}\right) \tag{2-30}$$

根据假设 $p > c > v$，所以 $(p-v+g)/(p-c+g) > 0$，批发价 w^* 与回购参数 b^* 随议价能力 k 同步变化得证。

表 2-1 线性出价策略下议价能力 k 对批发价 w^* 与回购参数 b^* 的影响分析

k	0.1	0.2	0.3	0.4	0.5	0.6	0.7	0.8	0.9	1.0
b^*	0.6604	0.7487	0.8098	0.8458	0.8576	0.8458	0.8098	0.7487	0.6604	0.5417
w^*	1.1096	1.1911	1.2475	1.2807	1.2917	1.2807	1.2475	1.1911	1.1096	1.000

表 2-1 的数据显示随着供应商议价能力 k 的增大，批发价 w^* 与回购参数 b^* 同时先增大再减小，该数据直观地印证了前面的理论分析，所以命题 2-2 的前半部分得证。

为了证明命题 2-2 的后半部分，可以利用图形来进行分析。由于在均衡条件下，供应商和零售商的出价为：$w_s = w_s(v_s)$，$w_r = w_r(v_r)$，把公式（2-16）和（2-17）代入假设 $w_r \geqslant w_s$ 中，可以得到表达式：$v_r \geqslant \frac{k+1}{2-k}v_s + \frac{1-k}{2}$，令直线 AB 为：$v_r = \frac{k+1}{2-k}v_s + \frac{1-k}{2}$。则图 2-1 中阴影 $\triangle ABC$ 表示：在双向拍卖机制下采用线性出价策略的交易可行性空间：

$$\rho = \frac{\triangle ABC}{\triangle ODC} = \frac{[1-(1-k)](2-k)}{4} / \frac{1}{2} = \frac{(1+k)(2-k)}{2} \tag{2-31}$$

$$\frac{d\rho}{dk} = \frac{1}{2}(1-2k) \tag{2-32}$$

$$\frac{d^2\rho}{dk^2} = -1 < 0 \tag{2-33}$$

分析公式（2-32），（2-33），由二阶极值条件可以知道，当 $k = 1/2$ 时交易效率 ρ 最大；当 $k \in [0, 1/2]$ 时，交易效率 ρ 随着 k 的增大而变大；当 $k \in [1/2, 1]$ 时，交易效率 ρ 随着 k 的增大而变小。由于 k 表示供应商的议价能力，$k = 1/2$ 时交易效率最大，此时对应于双方议价能力相同；而当任一方的议

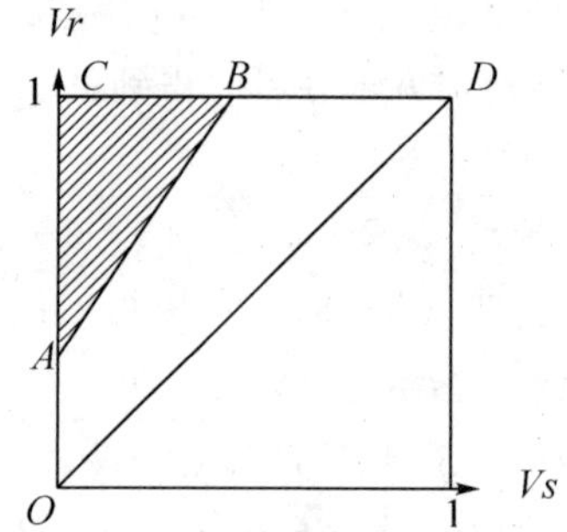

图 2-1　双向拍卖机制下线性出价策略的交易可行性空间关系图

价能力增强时（k 向 0 或 1 靠近），都会导致交易效率下降。这显然是与直观相符合的。

从命题 2-1、命题 2-2 可以看出：不论 w_s 、w_r 与议价能力 k 的关系如何，在双向拍卖的供应链回购机制下，最优定购量 w^* 与回购参数 b^* 总是随议价能力 k 同步变化。只是命题 2-1 中的关系要直观一些，命题 2-2 的关系比较复杂而已。但是其背后隐含的经济意义与我们的经济直觉非常一致：因为随着 k 的增大，零售商获得商品的批发价也就增大，为此他的转移支付也就变高了，所以零售商的利润也就下降了。为了弥补零售商的损失，供应商应该增大 b^* ，以此来提高零售商的积极性，所以 w^* 、b^* 总随议价能力 k 同步变化。而对于交易效率来说当双方处于对等的地位时，交易效率最高，如果双方地位不对等，则双方有可能因为对利润的划分不满意而导致成交可能性下降。

命题 2-3：整体最优定购量 q^* 和供应商的议价能力 k 无关。

证明：从最优定购量的表达式 $q^* = F^{-1}(\frac{p-c+g}{p-v+g})$ 可以看出，q^* 只与需求分布函数 $F(\quad)$ 以及一些外生变量有关，和供应商的议价能力 k 无关，命题 2-3 得证。

命题 2-3 反映了整体最优定购量只与供应链自身的性质以及外部市场的需求分布有关，和议价能力无关。这也从侧面反映了：供应商的议价能力只能影响供应链整体利润的划分，而不会影响供应链整体利润的大小。

2.5　本章结论

研究表明：

①在供应商和零售商采用双向拍卖机制协商批发价时，可以用回购契约来协调供应链。

②在供应商与零售商的出价策略 w_s 、w_r 与议价能力 k 无关时，批发价 w^* 与回购参数 b^* 同为供应商议价能力 k 的非减函数。

③在线性出价策略下，批发价 w^* 与回购参数 b^* 随议价能力 k 的增大而同步变化，且双方交易地位对等（ $k = 1/2$ ）时，交易效率取得最大值。

④整体最优定购量 q^* 和供应商的议价能力 k 无关。

2.6 本章小结

本章在基于常规不确定性的契约机制研究中，对报童模型进行了相应拓展：假定存在一对风险中性的供应商和零售商，在因信息不对称而对产品的市场估价存在差异情形下，双方通过双向拍卖机制来确定单产品的批发价格，并用回购契约来协调供应链，以使供应链整体利润最大化。

从研究的内容来看，虽然本章只是增加了一个双向拍卖的议价过程，但实际上，这是增加了一次协商机会，以此来确定双方销售利润划分的基调。而在以往供应链的回购契约模型中，批发价是由某一方直接指定的，没有协商的余地。引入双向拍卖议价机制的回购契约，增强了双方利润的调节能力，比较以往模型而言，显得更加公平、合理，也更具现实指导意义。同时，因为议价机制的存在，使得双方的议价空间变小，这也就剔除了很多不可信的交易点，从而在一定程度上防止了漫天要价的现象。此外，由于选择了比较简洁的线性定价规则，求解方便，契约具有较强的可操作性。研究结论反映出：①批发价格和回购参数将随供应商议价能力的增大而同步变化，而当双方议价能力对等时，交易效率达到最高；②供应链的整体利润与供应商的议价能力无关，即议价能力只会影响双方的利润划分而不会对整体利润的大小产生影响。总的来说，本章对单周期单产品的报童模型有一定的拓展，将来还可以在多周期多产品等方面做进一步的研究。

第三章　基于最优成本估算的多产品供应链协调机制研究

第二章在常规不确定性条件下，就销售单一产品的供应链契约机制加以扩展，通过在回购契约中引入双向拍卖的议价过程，来研究供应链协调问题。本章将继续就常规不确定性下的契约机制展开研究，研究对象由前一章的单一产品扩展到多产品供应链的研究上。在销售多产品的供应链中，我们重点针对手机市场上销售系列产品时，通过推出高端新品手机，以带动低端市场的间接广告现象，研究了多产品供应链中新产品的最优成本估算及供应链的协调问题。

3.1　引言

随着全球商业竞争日趋激烈、产品快速开发能力不断提升，众多厂商对市场份额的争夺已变得空前激烈。市场对产品的划分也更为精细，对处于不同生命周期的产品，厂商采用的营销手段也有很大差异。一般来说，对处于引入期和成长期的产品，厂商喜欢用直接广告的方式进行宣传。因为处于这个阶段的产品还属于新生事物，消费者对于它们的了解甚少，所以厂商希望通过直接广告的方式，来让客户充分地了解其经营的品牌，产品的质量、性能以及售后服务等，从而提升潜在顾客购买该商品的期望，以此增加客户需求。但对于那些处于成熟期的产品，企业再用直接广告的方式，就很难对扩大市场需求起到立竿见影的作用。这主要有两方面的原因：一是处于成熟期的产品，技术相对成熟，市场上替代品较多，顾客的需求较为分散；二是处于成熟期的产品很快就会进入产品的衰退期，如果企业再投入巨额的广告费可能并不是很合算。如何做到既能拓展市场，又能合理利用资金以利于企业未来的发展，这是许多企业亟待解决的问题。现实中很多外资的企业（特别是一些跨国公司）给了我们很好的启示：他们采用一种间接广告的方式，通过推出与成熟期产品同属一系列的高端产品，来扩大品牌在市场中的竞争力。由于高端产品的成功推出，有利于提升用户对该品牌的认知度，从而会吸引一些其他品牌的用户或新用户，来消费处于低端成熟期产品，因而这种营销策略起到了间接广告的作用。这种策略从表面上看，并没有直接宣传低端成熟期的产品，但是高端产品成功推出，发挥了与直接广告类似的作用——即通过宣传起到增加市场需求的作用。尽管这种策略可行，但是因为高端产品的研发需要投入更多的资金和人力，所以对于那些资源相对匮乏的中小企业来说一般很难承受。这也导致中小企业很可能选择其他的促销方式（如电视直销），但对于那些大企业来说，却是另外一番景象。因为他们的人力资源较为丰富，资金也更为充足，即使出现资金短缺，也可凭借自己较好的声誉进行融资，所以大企业更愿意选择间接广告这种营销策略。通过这种策略既起到扩大低端市场的作用，又为企业未来的发展提供了良好的契机——因为一旦产品进入升级换代期，提前推出高端产品的企业就会迅速占领市场从而赢得商机。目前，市场上的大多数品牌手机，如诺基亚、摩托罗拉、三星等，就经常采用这种营销策略。本书将针对这种市场现象，以某品牌手机为例，研究由单一供应商和零售商组成且销售多产品的简单供应链。考察供应商在采用间接广告的条件下，应怎样制订最优的营销策略，也就是推出什么价位的手机来最大化供应链的整体利润，并在该策略下，选择合适的契约来协调供应链。

目前，对于成熟期产品的营销策略研究较少，且基本是定性研究。郝旭光（1999）[171]对生命周期各阶段的产品营销策略进行了综述。研究表明：处于成熟期的产品，销售量处于一个拐点，它的销售速度正由快减慢，并有停止的趋势，此时价格处于一个平稳期，企业的利润也达到了高峰，面对成熟期的产品，要采用创新性的市场营销策略，不能保守。周永务、杨善林（2002）[172]研究了报童问题下商品的最优广告费用与订货策略的联合确定问题，研究表明：不确定性环境下的最优广告投入量小于确定环境下的最优广告投入量。曹细玉、宁宣熙（2006）[173]针对易逝品供应链的联合广告投入、订货策略与协调问题进行了研究。研究表明：易逝品供应链中广告投入存在道德风险问题。不过上述两篇文献都是针对直接广告的问题，并不涉及我们所研究的间接广告方式。此外，Cachon（2003）[169]，杨德礼、郭琼（2006）[174]对供应链的契约协调做了很好的综述。Kirstin（2002）[175]，卢震、黄小原（2004）[176]研究了具有不确定交货条件下的供应链协调问题。Bresnaban，Reiss（1985）[35]研究了确定性需求下的批发价格契约（The Wholesale Price Contract，以下简称 WPC）。Lariviere、Porteus（2001）[34]，Boyaci、Gallego（2002）[36]给出了报童问题

（Newsvendor Problem）更为完整的分析。他们认为只有在供应商获取零或者负利润时，WPC才能协调供应链。究其原因，供应商和零售商都是风险中性的理性人，所以他们在生产活动中会以自身利润最大化为目标，而不去考虑供应链的整体绩效，从而引发双重边际效应，导致供应链协调失败。该现象由Spengler最先发现，所以通常WPC被认为是一种不能协调供应链的契约。Gilbert、Cvsa（2003）[177]研究了关于需求不确定时的WPC，并得到允许批发价格随市场需求进行调整的获利弹性。Fernando（2005）[178]研究了在不确定性条件下，供应链的下游由一些相互竞争的零售商组成时，均衡决策具有的一些性质，同时考虑了如何用价格折扣共享契约（也就是线性批发价定价策略加上固定折扣率）来使分散决策的定购量和集中决策的定购量一样，从而协调供应链。晓斌、刘鲁（2004）[94]研究了在非对称需求信息下两阶段供应链的Stackelberg博弈问题，并给出了信息不对称下的供应链协调机制。不过这些关于供应链协调的文献都只涉及单产品，而我们研究的对象是销售多产品的供应链。因此在不对称的市场环境下，把销售多产品的最优营销策略与供应链协调机制结合起来研究，就显得很有意义。

本章结构，第一节首先对多产品供应链问题的研究文献进行了简单的概述；第二节基于手机市场上的间接广告现象，提出相关的研究问题；第三节对相关问题模型化，并给出供应链在销售多产品条件下，供应商对新产品的最优成本估算，接着，在此基础上给出集中决策和分散决策的收益函数；第四节通过第三节研究发现分散决策下的定购量等于或小于集中决策下的定购量，提出用线性价格折扣契约来协调供应链，并对模型中的相关参数进行分析；最后是本章小结。

3.2 问题提出

假设市场上存在一条销售某知名品牌手机的简单供应链，它由风险中性的、单一的供应商和零售商组成，他们都追求利润最大化。零售商正在市场上热销一款处于成熟期的低端手机。由于该手机已处于产品成熟期，所以市场竞争对手较多，市场价格与用户需求也趋于稳定。但是由于这款手机是该供应链的主要利润来源，所以他们希望维系甚至提升用户的需求。因此希望通过推出一款与该手机同属一个品牌的高端手机来刺激低端市场，以促进消费。由于这两款手机针对的客户群之间消费能力差异非常大，所以它们的市场划分比较明显。一般来说，高端消费者收入较高，人数较少，需求也较为集中，他们一般不会去消费低端的手机；而低端用户人数众多，需求也较为分散，他们中的绝大多数人由于收入的限制，也没有能力去消费高端手机。但是由于高端手机的成功推出，体现了制造商在技术与能力方面的突破，这有助于提升该品牌手机在低端用户心目中的保留价位。因此在低端产品市场价格不变的情况下，高端产品的成功推出有可能造成低端需求曲线向右上移动，从而达到增加用户需求的目的。

假设供应商根据以往的销售经验知道，商品的需求是价格 p 的敏感性函数。其中，高端产品的需求函数为 $D_h(P_h)$ ，它具有确定性的需求量。之所以这么选择，是因为高端客户主要由高收入人群构成，他们人数较少，需求比较集中，所以我们假设高端产品的需求量是确定性的。此外令 $p_h(q_h)$ 为高端产品的市场价格，$p_h(q_h)$ 对于其成本 c_h 连续可导，假设 $\partial(p_h(q_h))/\partial c_h = n > 0$，其中 q_h 为高端商品的订货量。这里采用线性需求函数：

$$p_h(q_h) = a_h - b_h q_h \tag{3-1}$$

公式（3-1）中，a_h 为高端用户所能承受的心理价位，b_h 是价格敏感因子。由于该高端产品包含了某些独有的新技术，所以该产品一旦推出，在短时间内可能会对高端市场有一定的垄断作用。基于此，供应商在推出该手机之前，对未来手机市场的价格有一个预测过程。假设供应商采用生产成本定价法来预测高端产品的市场价格 $\tilde{p}_h(q_h)$ ，那么该价格需要满足：

$$\tilde{p}_h(q_h) = mc_h,\ \tilde{p}_h(q_h) < a_h,\ m > 1 \tag{3-2}$$

公式（3-2）中，$\tilde{p}_h(q_h) < a_h$ 表示供应商的高端产品定价不能高于用户的心理价位（保留价格），$m > 1$ 表示供应商在制定高端产品的价格时，该价格必须要大于成本。

由于低端产品已处于成熟期，所以它的市场价格趋于稳定，我们假定它是一个常数，同时低端产品的市场需求量也趋于稳定。因此在高端产品没有推出之前，如果假设该需求函数也是线性的，那么需求量可以表示为下式：

$$x = a_l/b_l - p_l/b_l \tag{3-3}$$

公式（3-3）中，a_l 为低端用户所能承受的保留价格，b_l 是价格敏感因子，p_l 是因市场竞争而形成的稳定价格。当高端产品推出后，低端产品的需求函数发生了变化，它可以表示为：

$$x = (1 + \eta(P_h,\ \beta))\frac{a_l}{b_l} - \frac{p_l}{b_l} + \varepsilon \tag{3-4}$$

公式（3-4）中，由两部分组成，第一部分为：确定性部分 $(1+\eta(P_h, \beta))\frac{a_l}{b_l}-\frac{p_l}{b_l}$，表示高端产品成功推出后，低端市场的需求量加大，造成固定需求部分向右上平移了一段。之所以选择平移是为了简化问题，把重点集中在研究的问题上。平移的幅度与造势因子 $\eta(P_h, \beta)$ 有关。ε 代表随机扰动项。

造势因子 $\eta(P_h, \beta)$ 是高端商品的价格 P_h 与品牌价值 β 的函数。它有这样的性质：

① $\eta(P_h, \beta) \geqslant 0$；

② $\partial(\eta(P_h, \beta))/\partial P_h = \mu > 0$，$\partial^2(\eta(P_h, \beta))/\partial {P_h}^2 < 0$；

③ $\eta(P_h, \beta)$ 的值与品牌价值 β 呈单调增的关系，且当 β 值较小时，$\eta(P_h, \beta)$ 趋于零。

性质 1 表明：该造势因子是一个非负数；性质 2：表明在品牌价值一定时，造势因子在一定的价格区域内，随着商品价格增加而增加；性质 3 表明商品的品牌价值与造势因子正相关，且如果商品没有什么品牌价值，那么造势因子将趋于零，此时，新品的推出基本不会影响消费者的消费心理。之所以这样选择，是因为隐含了这样一层含义：消费者总是在自身消费能力之内，追求市场认知度高且质量好的产品，这也符合一般的常理。而商品的价格和品牌价值是正好可以反映市场的认知度与质量的两个因素；且通常认为品牌价值越高的产品质量越高，其次在品牌一定的情况下，商品的价格越高，代表该产品的技术含量越高、质量越好。基于造势因子的上述性质，以及我们的研究对象是某名牌手机这一假设，所以根据性质 3 有 $(1+\eta(P_h, \beta)) > 1$。基于上面的分析与假设，可以看出由于高端产品的成功问世，低端产品的保留价格被提升至 $(1+\eta(P_h, \beta))a_l/b_l$，再加上低端产品已进入成熟期，所以在价格 p_l 与价格敏感因子 b_l 不变的条件下，低端产品的确定需求部分会向右上平移，从而起到一般广告增加市场需求的作用。第二部分 ε，表示随机需求部分。它是一个连续的随机变量，它的密度函数为 $f(y)$，分布函数为 $F(y)$，其均值为 μ，方差为 δ^2。之所以要加这个随机变量，是因为低端市场厂家众多，在厂商推出新的高端产品后，其他厂家很可能会快速地推出自己的新品，或者用降价等营销策略来改善各自的低端市场，从而引起低端市场销售量的波动。

结合公式（3-2）、（3-4），可以发现新产品的成本是供应商制定营销决策的关键因素。因为这个成本不仅涉及高端产品的技术质量与品质，而且也涉及新产品对低端市场的影响作用，所以供应商会事先综合各方面的情况，在一体化决策下对最优成本进行预测。在估算出最优成本后，新品将被推入市场。

而此时，由于在实际的分散决策中，供应商和零售商会以自身利润最大化为目标，所以可能存在双重边际问题。此时，可以把研究问题转化为一个斯坦伯格主从决策问题。供应商是决策的主动方，他在确定最优生产成本后，会根据自身利润最大化的原则，确定最优的批发价 w_h 和 w_l ，然后从动者零售商再根据供应商提供的批发价决定订货量 q_h ，q_{l_1} 和 q_{l_2} ，由于双方都会从自身利益最大化出发，所以导致分散决策下，供应链的定购量低于集中决策下的定购量，为了解决这个问题，需要构建一个契约来协调供应链。

3.3 模型

3.3.1 模型假设

本章所用的记号如下：

下标 r 代表零售商；

下标 s 代表供应商；

下标 h 代表高端市场；

下标 l 代表低端市场；

q_h 为高端商品的订货量；

w_h 为高端产品的批发价；

$p_h(q_h)$ 是高端商品的零售价；

$\tilde{p}_h(q_h)$ 是供应商对高端产品的市场估价；

c_h 为高端产品生产的边际成本（$p_h \geqslant w_h \geqslant c_h$）；

c_h^*（$c_h^* \in c_h$）为供应商预测的最优高端产品的生产成本；

w_l 为低端市场的批发价；

c_l 为低端产品的生产边际成本（$p_l \geqslant w_l \geqslant c_l$）；

c_r 为销售商销售商品的边际成本。

在集中决策下，$q_{l_1}+q_{l_2}$ 为集中决策下低端产品的订货量，其中 q_{l_1} 为确定性部分，q_{l_2} 为随机部分。在分散决策下，零售商的定购量 $q_l^{'}=q_{l_1}^{'}+q_{l_2}^{'}$ ，其中 $q_{l_1}^{'}$ 为确定性部分，$q_{l_2}^{'}$ 为随机部分。$p_l(q_{l_1})$ 是低端市场在集中决策下商品的零售价，$p_l(q_{l_1}^{'})$ 是分散决策下商品的零售价，根据假设知道低端市场的零售价格并不发生变化，所以有 $p_l(q_{l_1})=p_l(q_{l_1}^{'})=p_l$ 。它满足：（$p_l \geqslant w_l \geqslant c_l$）。

零售商期望销售的低端产品为 $I(x, y)=x+y-\int_0^y F(x)dx$ ，其中 x 是确定性的订货量，y 是随机的订货量；没有出售完的低端产品可以残值 ν 进行处理，高端产品由于需求是确定的，所以不用考虑残值问题，自然也不用考虑回购问题。在销售季节末，供应商以价格 d 对零售商没有卖完的低端商品进行回购，其中（$\nu < d < w_i$，$i=h, l$），对于超过需求的那部分商品，假设它就损失掉，不做专门考虑；系统利润 $\pi=(\pi_{rh}+\pi_{sh})+(\pi_{rl}+\pi_{sl})$，其中前一个括号是高端市场零售商和供应商创造的利润，后一个括号是低端市场零售商和供应商创造的利润。供应商在推出新产品前，需要综合各方面的因素，寻求一个最优的营销策略 c_h^* ，以使整体利润最大化。

3.3.2 供应商的最优成本确定

在集中决策下，只有一个决策者，所以他会把整体利润最大化作为决策目标。假设此时供应商是决策者，并且他知道低端市场的需求分布，所以利用上面的假设我们可以得到一体化下的利润函数：

$$\begin{aligned}\max E[\pi(q_h, q_{l_1}, q_{l_2})] &= q_h[p_h(q_h)-(c_h+c_r)] \\ &\quad +(q_{l_1}+q_{l_2})[p_l-(c_l+c_r)] \\ &\quad -[p_l-\nu][q_{l_1}+q_{l_2}-I(q_{l_1}, q_{l_2})] \\ &= q_h[p_h(q_h)-(c_h+c_r)] \\ &\quad +(q_{l_1}+q_{l_2})[p_l-(c_l+c_r)] \\ &\quad -[p_l-\nu]\int_0^{q_{l_2}} F(x)dx \end{aligned} \tag{3-5}$$

利用公式（3-4）和相关假设，可以得到低端产品确定性部分 q_{l_1} 满足下式：

$$q_{l_1}=(1+\eta(P_h, \beta))a_l/b_l-\frac{p_l}{b_l} \tag{3-6}$$

当供应商采用成本定价法来确定新产品的市场价格时，把公式（3-1）、（3-2）、（3-6）代入公式（3-5），可以得到：

$$\begin{aligned}\max E[\pi(q_h, q_{l_1}, q_{l_2})] &= (a_h/b_h-mc_h/b_h)[mc_h-(c_h+c_r)] \\ &\quad +\left((1+\eta(P_h, \beta))a_l/b_l-\frac{p_l}{b_l}+q_{l_2}\right)[p_l-(c_l+c_r)]-[p_l-\nu]\int_0^{q_{l_1}} F(x)dx\end{aligned} \tag{3-7}$$

公式（3-7）的两边对 c_h 求一阶偏导有：

$$\frac{\partial E[\pi(q_h, q_{l_1}, q_{l_2})]}{\partial c_h} = \frac{(m-1)a_h + mc_r}{b_h} - \frac{2m(m-1)c_h}{b_h} + \frac{\mu m a_l[p_l - (c_l + c_r)]}{b_l} \tag{3-8}$$

再对公式（3-7）的两边对 c_h 求二阶偏导有：

$$\frac{\partial E^2[\pi(q_h, q_{l_1}, q_{l_2})]}{\partial c_h^2} = -\frac{2m(m-1)}{b_h} < 0 \tag{3-9}$$

根据公式（3-9），并结合二阶导数的极值条件可以知道，在一体化决策下供应链的整体利润存在最大值。在该值下，供应商的最优营销策略应满足：

$$\frac{(m-1)a_h + mc_r}{b_h} - \frac{2m(m-1)c_h}{b_h} + \frac{\mu m a_l[p_l - (c_l + c_r)]}{b_l} = 0 \tag{3-10}$$

解公式（3-10），得到：

$$c_h^* = \frac{(m-1)a_h + mc_r}{2m(m-1)} + \frac{\mu a_l[p_l - (c_l + c_r)]b_h}{b_l(m-1)} \tag{3-11}$$

公式（3-11）表示：供应商利用生产成本法，预测到当高端手机以成本 c_h^* 推入市场后，可以获得最大的利润。因此把公式（3-11）带入公式（3-5），可以得到最优成本下供应链的最大利润为：

$$\begin{aligned} \max E[\pi(q_h, q_{l_1}, q_{l_2})] &= q_h[p_h(q_h) - (c_h^* + c_r)] \\ &+ (q_{l_1} + q_{l_2})[p_l - (c_l + c_r)] \\ &- [p_l - \nu]\int_0^{q_{l_1}} F(x)dx \end{aligned} \tag{3-12}$$

3.3.3 集中决策下的最优订货量

为了得到一个基准订货量，首先考虑供应商和零售商在一体化情况下的订货情况，利用公式（3-12）对 q_h 一阶偏导有：

$$\frac{\partial E[\pi(q_h, q_{l_1}, q_{l_2})]}{\partial q_h} = p_h(q_h) + q_h p_h'(q_h) - (c_h^* + c_r) \tag{3-13}$$

利用公式（3-12）对 q_{l_1} 一阶偏导有：

$$\frac{\partial E[\pi(q_h, q_{l_1}, q_{l_2})]}{\partial q_{l_1}} = p_l - (c_l + c_r) + p_l'\left[q_{l_1} + q_{l_2} - \int_0^{q_{l_1}} F(x)dx\right] \tag{3-14}$$

利用公式（3-12）对 q_{l_2} 一阶偏导有：

$$\frac{\partial E[\pi(q_h, q_{l_1}, q_{l_2})]}{\partial q_{l_2}} = p_l - (c_l + c_r) - (p_l - v)F(q_{l_2}) \tag{3-15}$$

利用公式（3-12）对变量 q_h 二阶偏导有：

$$\frac{\partial^2 E[\pi(q_h,\ q_{l_1},\ q_{l_2})]}{\partial {q_h}^2} = -2b_h < 0 \tag{3-16}$$

利用公式（3-12）对变量 q_{l_1} 二阶偏导有：

$$\frac{\partial^2 E[\pi(q_h,\ q_{l_1},\ q_{l_2})]}{\partial {q_{l_1}}^2} = p_l^{'} + p_l^{'} = -2b_l < 0 \tag{3-17}$$

利用公式（3-12）对变量 q_{l_2} 二阶偏导有：

$$\frac{\partial^2 E[\pi(q_h,\ q_{l_1},\ q_{l_2})]}{\partial {q_{l_2}}^2} = -p_l f(q_{l_2}) < 0 \tag{3-18}$$

由公式（3-16）、（3-17）、（3-18），并结合二阶极值条件容易知道，在集中决策下零售商的最优订货量一定存在，所以可以令公式（3-12）的最优解为 $(q_h^*,\ q_{l_1}^*,\ q_{l_2}^*)$。

通过令公式（3-13）的左边为零，得到 q_h^* 应满足：

$$q_h^* = (a_h - c_h^* - c_r)/2b_h \tag{3-19}$$

3.3.4 分散决策

在分散决策下，由于零售商和供应商是风险中性的理性个体，所以在决策时，容易从自身的利益出发，这有可能导致整个供应链系统的效率低下，为了改变这种情况，就需要契约来进行协调。下面我们先分别讨论在分散决策下，供应商与零售商的利润函数。

3.3.4.1 分散决策下供应商的利润函数

在分散决策下，供应商的利润函数由高端市场和低端市场两部分组成，其中 $\max E[\pi_s(q_h^{'},\ w_h)]$ 表示供应商在高端市场的收入，$\max E[\pi_s(q_{l_1}^{'},\ q_{l_2}^{'},\ w_l)]$ 表示供应商在低端市场的收入，则供应商在分散决策下的利润函数为：

$$\begin{aligned}\max E[\pi_s] &= \max E[\pi_s(q_h^{'},\ w_h)] + \max E[\pi_s(q_{l_1}^{'},\ q_{l_2}^{'},\ w_l)] \\ &= q_h^{'}(w_h - c_h^*) + (w_l - c_l)(q_{l_1}^{'} + q_{l_2}^{'})\end{aligned} \tag{3-20}$$

3.3.4.2 分散决策下零售商的利润函数

在分散决策下，零售商的利润函数也由两部分组成，其中 $\max E[\pi_{hr}(q_h^{'},\ w_h)]$ 表示零售商在高端市场的收入，$\max E[\pi_{lr}(q_l^{'},\ q_{l_2}^{'},\ w_l)]$ 表示零售商在低端市场的收入，则零售商在分散决策下的利润函数为：

$$\begin{aligned}\max E[\pi_r] &= \max E[\pi_{hr}(q_h^{'},\ w_h)] + \max E[\pi_{lr}(q_l^{'},\ q_{l_2}^{'},\ w_l)] \\ &= [p_h(q_h^{'}) - w_h - c_r]q_h^{'}\end{aligned}$$

$$+ (q_{l_1}' + q_{l_2}')[p_l(q_{l_1}') - w_l - c_r]$$

$$- [p_l(q_{l_1}') - d][q_{l_1}' + q_{l_2}' - I(q_{l_1}', q_{l_2}')] \tag{3-21a}$$

$$\max E[\pi_r] = [p_h(q_h') - w_h - c_r]q_h'$$

$$+ (q_{l_1}' + q_{l_2}')[p_l(q_{l_1}') - w_l - c_r]$$

$$- [p_l(q_{l_1}') - d]\int_0^{q_{l_1}} F(x)dx \tag{3-21b}$$

由于本书假设供应商与零售商构成一个斯坦伯格博弈。供应商是决策主动方，他首先根据自己利润最大化给出最优的批发价 w_h 和 w_l，然后从动者零售商根据供应商的批发价决定自己的最优订货量 q_h'、q_{l_1}'、q_{l_2}'，所以用公式（3-21b），对变量 q_h' 求一阶偏导有：

$$\frac{\partial E[\pi_r]}{\partial q_h'} = p_h(q_h') - w_h - c_r + p_h'(q_h')q_h' = a_h - 2b_h q_h' - w_h - c_r \tag{3-22}$$

用公式（3-21b），对变量 q_{l_1}' 求一阶偏导有：

$$\frac{\partial E[\pi_r]}{\partial q_{l_1}'} = p_l(q_{l_1}') - (c_r + w_l) + p_l'(q_{l_1}')\left(q_{l_1}' + q_{l_2}' - \int_0^{q_{l_1}} F(x)dx\right) \tag{3-23}$$

用公式（3-21b），对变量 q_{l_2}' 求一阶偏导有：

$$\frac{\partial E[\pi_r]}{\partial q_{l_2}'} = [p_l(q_{l_1}') - w_l - c_r] - [p_l(q_{l_1}') - d]F(q_{l_2}') \tag{3-24}$$

为了证明分散决策下，零售商存在最优的定购，我们需要看公式（3-21b）中各个变量的二阶极值条件能否满足。所以下面对公式（3-21b）中的各变量求二阶偏导，首先对 q_h' 求二阶偏导有：

$$\frac{\partial^2 E[\pi_r]}{\partial (q_h')^2} = -2b_h < 0 \tag{3-25}$$

用公式（3-21b），对变量 q_{l_1}' 求二阶偏导有：

$$\frac{\partial^2 E[\pi_r]}{\partial (q_{l_1}')^2} = 2p_l'(q_{l_1}') = -2b_l < 0 \tag{3-26}$$

用公式（3-21b），对变量 q_{l_2}' 求二阶偏导有：

$$\frac{\partial^2 E[\pi_r]}{\partial (q_{l_2}')^2} = -[p_l(q_{l_1}') - d]f(q_{l_2}) < 0 \tag{3-27}$$

从公式（3-25）、（3-26）、（3-27）可以知道在分散决策下，零售商的最优定购量一定存在。通过令公式（3-22）左边为零，可以得到：

$$q_h' = (a_h - w_h - c_r)/2b_h \tag{3-28}$$

命题 3-1：在分散决策下，零售商高端产品的定购量低于或者等于集中决策下高端产品的定购量。

证明：直接比较零售商在集中决策和分散决策下的最优定购量 q_h^* 和 $q_h^{'}$ 。

因为 $q_h^* = (a_h - c_h - c_r)/2b_h$ ，$q_h^{'} = (a_h - w_h - c_r)/2b_h$ ，且根据模型假设 $w_h \geqslant c_h$ ，所以 $q_h^{'} \leqslant q_h^*$ ，命题 3-1 得证。

命题 3-2：在分散决策下，零售商低端产品的定购量低于或者等于集中决策下低端产品的定购量。

证明：令公式（3-23）的左边为零，可以求得分散决策下零售商对低端产品的最优订货量：

$$p_l(q_{l_1}^{'}) - (c_r + w_l) + p_l^{'}(q_{l_1}^{'})\left(q_{l_1}^{'} + q_{l_2}^{'} - \int_0^{q_{l_1}} F(x)dx\right) = 0 \tag{3-29}$$

由公式（3-29）可以得到：

$$\left(q_{l_1}^{'} + q_{l_2}^{'} - \int_0^{q_{l_1}} F(x)dx\right) = [p_l(q_{l_1}^{'}) - (c_r + w_l)]/b_l \tag{3-30}$$

为了求得集中决策下，零售商对低端产品的最优订货量，令公式（3-14）左边为零，可以得到：

$$p_l - (c_l + c_r) + p_l^{'}\left[q_{l_1} + q_{l_2} - \int_0^{q_{l_1}} F(x)dx\right] = 0 \tag{3-31}$$

由公式（3-31）可以得到：

$$\left[q_{l_1} + q_{l_2} - \int_0^{q_{l_1}} F(x)dx\right] = [p_l - (c_r + c_l)]/b_l \tag{3-32}$$

根据模型假设，知道不论是分散决策还是集中决策，低端商品的零售价都是常数 p_l ，加上 $w_l > c_l$ ，把这两个条件带入公式（3-31）和（3-32）可以得到：

$$q_{l_1} + q_{l_2} - \int_0^{q_{l_1}} F(x)dx > q_{l_1}^{'} + q_{l_2}^{'} - \int_0^{q_{l_1}} F(x)dx \tag{3-33}$$

从公式（3-33）可以看出在分散决策下零售商的订货量小于集中决策下的订货量，所以命题 3-2 得证。

3.4 模型协调

通过上面的分析，我们知道在分散决策下零售商的商品订货量小于集中决策下的订货量。比较公式（3-13）、（3-22）和（3-12）、（3-21b）容易得到，当 $w_h = c_h^*$ ，$w_l = c_l$ ，以及 $d = \nu$ 时，供应链可以协调。这是因为当满足上述条件时，零售商在分散决策下的利润函数与供应链在集中决策下的利润函数是一样的。这表明零售商赚取了所有的利润，供应商的利润为零，因此在现实生活中，这种协调方式很难得到企业的认可。为了解决这个问题，我们利用线性价格折扣共享契约 Linear price-discount sharing（PDS）[175]来协调供应链。线性价格折扣共享契约就是线性批发价契约与回购契约的组合，它和一般回购契约的差别是它的批发价是一个线性函数，而一般的回购契约批发价是一个常数。

命题 3-3：分散决策下，如果供应链的契约参数满足条件：$w_l = w^* - [c_r + \alpha(\bar{P}_l - p_l)]$，$w_h = (1-\alpha)c_h^* + \alpha p_h(q_h) - \alpha c_r$，$d = w_l - (1-\alpha)(c_l - \nu) + \alpha c_r$，供应链可以达到协调，且零售商和供应商可以任意的划分利润。

命题 3-3 中，低端商品的批发价 w_l 是零售商销售价格的一个线性函数。其中 w^* 表示一个固定的值，且 $w^* = \alpha\bar{P}_l + (1-\alpha)(c_r + c_l)$，$\bar{P}_l$ 是零售商提供的任意一个参考批发价，α（$0 \leqslant \alpha \leqslant 1$）为一个常数，该批发价表明零售商每销售一单位的低端商品，供应商就以价格 $c_r + \alpha(\bar{P}_l - p_l)$ 补偿给零售商，这样做的目的是增加零售商的定购量。d 是供应商提供给零售商的低端商品回购参数，它比线性批发价 w_l 要小一个确定的常数值 $(1-\alpha)(c_r - \nu) - \alpha c_r$。此外，由于高端产品是固定需求，所以只需要用简单的线性批发价就可以协调。

证明： 令零售商在分散决策下的定购量与集中决策下的定购量（q_h，q_{l_1}，q_{l_2}）一样，然后把命题 3-3 中各个表达式带入分散决策下，零售商的利润函数公式（3-21b）有：

$$\begin{aligned}\max E[\pi_r] &= [p_h(q_h) - w_h - c_r]q_h + (q_{l_1} + q_{l_2})[p_l - w_l - c_r] \\ &\quad - [p_l - d]\int_0^{q_{l_1}} F(x)dx \\ &= [p_h(q_h) - (1-\alpha)c_h^* - \alpha p_h(q_h) + \alpha c_r - c_r]q_h + (q_{l_1} + q_{l_2}) \\ &\quad [p_l - [\alpha\bar{P}_l + (1-\alpha)(c_r + c_l) - c_r - \alpha(\bar{P}_l - p_l)] - c_r] - \\ &\quad [p_l - [\alpha\bar{P}_l + (1-\alpha)(c_r + c_l) - c_r - \alpha(\bar{P}_l - p_l) - (1-\alpha)(c_l - \nu) \\ &\quad + \alpha c_r]]\int_0^{q_{l_1}} F(x)dx = (1-\alpha)\max\pi(q_h, q_{l_1}, q_{l_2})\end{aligned}$$

由上面的证明可以看出，当满足命题 3-3 时，零售商的最优定购量可以与集中决策时的最优定购量一样。只不过此时，零售商得到整个供应链利润的 $(1-\alpha)$ 倍，而供应商则得到余下的利润 $\alpha\max\pi(q_h, q_{l_1}, q_{l_2})$。这说明在命题 3-3 下，供应链可以达到协调，且供应链能够任意的划分利润。所以命题 3-3 的结论得证。

从命题 3-3 也可以看出，随着高端产品的生产成本增加，那么供应商会增

加相应的批发价 w_h，这是因为 $\partial w_h / \partial c_h^* = (1-\alpha) > 0$，这也符合一般的经济常识。

此外，我们利用造势因子 $\eta(P_h, \beta)$ 具有的性质 3 可以对市场上一些厂家的营销行为做出一些解释。从性质 3 可以发现高端产品的品牌价值对于造势因子具有重要影响。对于市场上的那些小厂商来说，由于他们的产品知名度不高，所以其品牌价值 β 较小，根据假设 3 知道，此时的造势因子值趋于零，所以此时，低端产品的需求曲线在这种情况下，与没推出新品前的需求曲线基本没有变化。换句话说，也就是小厂商也希望用高端产品来推动低端市场的话，基本行不通。再加上高端产品的研发需要大量的资金，这也是小厂商所难以承担的。这也许就是为什么在手机市场上，我们常见大厂商常用间接广告的方式来推出新品，而小厂商很少采用的原因。

3.5 本章结论

研究表明：

①当供应商采用成本定价法时，如果成本满足：$c_h^* = \dfrac{(m-1)a_h + mc_r}{2m(m-1)} + \dfrac{\mu a_l[p_l - (c_l + c_r)]b_h}{b_l(m-1)}$，则此成本为间接广告下，供应商的最优成本。

②在分散决策下，零售商的高、低端产品定购量低于或者等于集中决策下相应产品的定购量。

③当 $w_l = w^* - [c_r + \alpha(\bar{P}_l - p_l)]$，$w_h = (1-\alpha)c_h^* + \alpha p_h(q_h) - \alpha c_r$，$d = w_l - (1-\alpha)(c_l - \nu) + \alpha c_r$ 时，则供应链可以达到协调，且在零售商与供应商之间，可以任意的划分利润。

3.6 本章小结

本章在多产品销售条件下，研究了手机市场中一个有趣的现象：制造商在面对不确定性市场需求时，如何根据自己的市场影响力来决定自己的营销策略。结论显示：对于那些市场占有率高的大公司来说，他们希望采用间接广告方式，来提升低端用户对自己品牌的心理价位，从而达到增加低端产品市场需求的目的。对于那些市场占有率低的小公司来说，由于自身资金和技术实力的限制，一般采用低价广告方式来销售自己的产品。这样做一方面能节省资金，另一方面通过直接广告，消费者能直接感受到商品的好处。此外，对于那些采用间接广告的供应链，供应商可以通过成本定价法，估算出新品的最优成本。并在此基础上，利用线性价格折扣共享契约来协调供应链，而且还能在零售商和供应商之间任意划分利润。

由于本书的研究结果能够很好地解释手机市场中的间接广告现象，并用价格折扣共享契约协调了多产品销售的供应链，所以该结论对于多产品供应链的理论研究和实际生产有重要的指导意义。

第四章　供应链应急机理研究

在第二章和第三章，我们对常规不确定性下的供应链契约机制作了相关研究。由于常规不确定性可以预测，所以能够得到不确定性事件的分布，进而借助合理的契约，供应链可以从整体最优的角度，减少风险，刺激订货，从而达到提高供应链整体绩效的目的。本章和下一章将在异常不确定性下对供应链应急展开研究。由于异常不确定性不可预测，该类事件的分布难以通过建模来刻画，对这类事件应以预防和动态监控为主。本章将借用非线性动力学中，研究流体同步的方法，探讨供应链应急事件发生时所遵循的某些内在规律，以追根溯源，认清本质，从而加强对应急事件的防范和预测，并为后续的应急研究提供更多的理论支撑。

4.1　引言

现实生活中，能够预测并不是常态。市场有时会因为一些偶然事件的影响，而发生剧烈的波动。这些偶然事件难以预测，而它们对供应链造成的损失也难以估计。在供应链的范围内，供应链应急事件是这些偶然事件中最为重要的一种，它表现出强烈的异常不确定性特征，即难以预测，且危害巨大。正是由于它具有这样大的危害性，所以本章希望从供应链应急事件的发生机理着手，发现供应链应急事件所遵循的固有逻辑和规律。

通常来说，供应链应急事件就是发生在供应链中的突发事件。目前我国将突发事件分为：自然灾害、事故灾害、公共卫生事件以及社会安全事件等。虽然它们种类繁多，涉及面广，但是这些突发事件都会遵循一些内在的规律和机理。

根据计雷（2006）[120]的研究，并结合供应链自身的特点，我们认为供应链应急事件具有如下规律：①突发性和信息高度缺失性。也就是说应急事件发生突然，造成信息高度缺失，救助人员难以及时地采取应对措施，从而无法实现对资源的协调调度；②表现形式多样化。由于供应链是由多个节点企业形成的网状结构，它的每个节点都涉及物流、资金流和信息流这三种流体，因而任何一个节点的任何一种流体发生中断都有可能引起供应链应急事件；③在供应链应急事件发生期间，系统固有的运作周期被打乱。表现为供应链中物流和资金流断链，信息共享基本中断，产销严重脱节；④应急事件造成商品的需求波动极大，但具体的需求特征要根据当时应急事件的情况才能确定。例如非典事件造成国内好多药店的呼吸道药品脱销，产品需求量急剧增加；而猪链球菌感染事件造成人们对猪肉的恐慌，转用其他替代商品，造成猪肉需求在短时间内严重下降；⑤波及面广，容易引发连锁反应。由于供应链应急事件会遵循这些内在的规律，所以只要通过机理分析，就能找出应急事件孕育的源头，从而发现其运行的趋势和规律，以便在供应链应急事件的管理中取得主动地位。

由于供应链的应急管理是一个新兴的研究课题，所以目前学术界对供应链应急管理还没有一个普遍认同的涵义，但已有少数学者开始进行相关研究。Qi、Bard（2004）[127]研究了报童环境下的两阶段供应链，当实际需求与生产计划发生偏差时，供应链应急的协调问题。研究表明：对于很多短生命周期的商品销售，完全的市场信息很难获得。由于供应商常在明确需求信息前，就制定出生产计划。但当供应商获得确切的需求信息后，又发现自己的生产计划与实际需求出现了偏差。如果供应商想满足市场需求制订新的生产计划，就必然带来额外的偏差费用。文中给出在线性需求函数发生波动的情况下，供应链如何利用数量折扣契约来应对突发事件。Xu、Qi（2003）[128]研究了在市场需求与零售价格为非线性的情况下，需求发生扰动时，供应链如何用批发价数量折扣联合契约来协调供应链。国内的学者于辉、陈剑（2005[134]；2006）[135]研究了如何用数量折扣合同和批发价合同应对供应链的突发事件。从上述文献和一些已有的应急管理措施——如美国国土安全部、武汉城市应急管理联动系统等，可以得到如下启示：第一，供应链应急管理的客体是应急事件，主体是供应链企业，它的本质是在一定约束条件下，供应链企业能充分地利用各种有效信息，对资金流和物流进行及时、有效的配置，使其发挥最大效益，从而把突发事件造成的伤害和损失降到最低；第二，上述文献基本上都是研究突发事件发生后，供应链应该采取何种策略来消除事后的不利影响，但它们都没有探讨供应链应急事件的发生机理，也就是突发事件发生、发展、衍生及其扩散的规律。

基于以上分析，本书将主要针对启示的第二点，重点探讨供应链应急事件的发生机理。因为只有从源头上认清供应链应急事件发生的一般规律，才能对应急事件进行有的放矢，从而高效及时地实施供应链应急管理。基于此，本书采用逆向思维的方式，即不直接分析供应链应急事件本身，而是从它的对立面着手，分析一个以销售副食品为主的供应链，观察它是如何随着销售周期变化而正常运转，并建立相应的动态模型，最后通过调整模型参数来研究供应链应急事件发生的规律。

本章结构：第一节首先对供应链应急事件的研究文献进行了简单的概述；第二节利用流体同步的方法，构建供应链应急事件发生机理模型，通过对供应商与零售商运作相位图的分析，得到供应链保持运作协调与发生应急事件的区间，并给出了应急事件持续时间的估算方法；第三节是本章的相关结论；第四节是本章总结。

4.2 供应链应急事件发生机理模型

为了探究供应链系统中应急事件发生的机理，本节运用非线性动力学中研究流体同步的方法，建立了供应商和零售商在多周期销售中运作协调的动态模型。该模型从定量的角度描述了供应商和零售商从运作协调到发生应急事件的全过程，并给出了应急事件持续时间的求解方法。

4.2.1 模型假设

模型引用了 Ermentrout（1984）[179]、Ermentrout（1991）[180]和 Steven（1994）[181]关于萤火虫同步外界刺激的发光模型。该模型描述了一只萤火虫在一个密闭的圆形黑盒子里，如何调节自身的发光频率和速度，以便跟上前方运动的闪烁光点，使两者的运动趋于同步。虽然这是一个关于流体运动的动态模型，但它和本书的研究问题有很多相似的地方。在供应链系统中，供应商就像一只萤火虫，而零售商发送的需求信号就像前方闪烁的光点。供应商必须根据零售商的需求变化来调节自己的产品供应，使双方的供销运动趋于同步，从而保持整个系统的运作协调。

本节有一个重要概念：供应链的运作协调。其定义如下：在供应商生产能力允许的范围内，如果其供货速度能在某一限定的时间范围内与零售商的需求信号同步，并始终满足零售商的需求，就称此时供应链处于运作协调状态，否则供应链进入失调期。当市场上销售此类商品的供应链出现大面积的失调，就称市场上出现了供应链应急事件。

我们考虑由一个供应商和一个零售商组成的供应链系统。它具有如下假设：

假设 1：由于零售商销售的商品不能长期储存，供应商选择了和零售商位置相近的地方安置公司，以便根据零售商的销售情况及时地补充货源。因此供应商的送货提前期（leadtime）非常短，可近似地认为是零。

假设 2：供应商的生产能力有限，其日产量可以在一定范围内根据零售商的销售情况进行调整。

假设 3：供应商和零售商有长期合作的愿望，并以年为单位来签订双方的销售契约。

上述模型假设与目前国内快餐店和销售副食品为主的大型超市非常吻合。由于食品是易腐蚀商品，库存不能过多。因此零售商和供应商都愿意把公司选在相互靠近的地方，一方面可以降低配送成本，另一方面便于及时补充货源。此外，由于各地区的顾客有相对稳定的消费习惯，所以尽管库存不多，生产能力也有限，但只要掌握了消费者的规律，供应链一般都能正常运营。除非市场需求突然发生巨变，食品的销售才会出现短缺或过剩。在模型中，还假设供应商和零售商有长期合作愿望，并以年为单位签订销售契约。这也是副食品供应链中常用的签约方式，它除了能降低双方的交易成本外，还能降低不确定性带来的市场风险。从长期来看，供应商和零售商之间的契约就构成了一个以年为单位的多周期销售活动。

4.2.2 模型构建

零售商的周期性需求信号 $\varphi(t)$ 满足式（4-1）：

$$\dot{\varphi}(t)=\sigma \tag{4-1}$$

在式（4-1）中 $\dot{\varphi}(t)$ 表示零售商发送需求信号的速度，当 $t=0$ 时表示零售商根据协议速度 σ 启动一个新的销售周期。

此外，用 $\dot{\theta}(t)$ 代表供应商的供货速度。在没有考虑市场需求信号的情况下，供应商的生产周期满足 $\dot{\theta}(t)=\omega$ 。在考虑市场需求信号后，供应商将按照下面规则来响应市场需求信号：如果零售商发出的需求信号先于供应商的行动，那么供应商应该加快行动；如果供应商的行动先于零售商的信号，那么供应商应该减慢自己的行动；如果双方运作速度一样，则保持原态。根据上述规则，可以得到在考虑市场需求信号下，供应商的周期性运作模型：

$$\dot{\theta}(t) = \omega + k\cos(\varphi(t) - \theta(t)) \tag{4-2}$$

在式（4-2）中，$k(k > 0)$ 是一个调节供应商运作速度的参数，它和市场需求量负相关。如果市场的需求量越小，供应商的备货时间就越短，那么他的运作速度就会越快，k 也就越大；反之当市场需求量过大，供应商的备货时间就会加长，那么他的运作速度就会减慢，k 也就变小了。至于 $\varphi(t) - \theta(t)$ 的经济解释如下：如果 $(0 < \varphi(t) - \theta(t) < \pi/2) \cup (3\pi/2 < \varphi(t) - \theta(t) < 2\pi)$ 时，那么表示 $(\dot{\theta}(t) > \omega)$，也就是零售商的市场信号先于供应商的行动，此时供应商应该加快自己的行动速度；反之当 $(\pi/2 < \varphi(t) - \theta(t) < 3\pi/2)$ 时，那么表示 $(\dot{\theta}(t) < \omega)$，零售商发出的市场信号就落后于供应商的行动，此时供应商应该减慢自己的行动速度。

为了求解模型，令 $\alpha(t) = \varphi(t) - \theta(t)$，然后用公式（4-1）减公式（4-2）可以得到：

$$\dot{\alpha}(t) = \dot{\varphi}(t) - \dot{\theta}(t) = \sigma - \omega - k\cos\alpha(t) \tag{4-3}$$

为了对式（4-3）进行无量纲化，可以引入式（4-4a）、（4-4b）的变量，其中 η 为运作协调因子：

$$\tau = kt \tag{4-4a}$$

$$\eta = \frac{\sigma - \omega}{k} \tag{4-4b}$$

把式（4-4a）、（4-4b）带入式（4-3）化简，可以得到：

$$\alpha(t)' = \eta - \cos\alpha(t) \tag{4-5}$$

此处的 $\alpha(t)'$ 满足条件：$\alpha(t)' = d\alpha(t)/d\tau$。

求解式（4-5）可以得到不动点 $\alpha(t)^*$，它满足式（4-6）：

$$\cos(\alpha(t)^*) = \frac{\sigma - \omega}{k} \tag{4-6}$$

4.2.3 模型分析

从式（4-4b）可以看出，运作协调因子 η 的主要作用是衡量供应商与零售商的运作速度差异，其值的大小反映了系统恢复同步的能力。若 η 值很小，则表明供应商与零售商运作速度差异非常小，那么供应链恢复同步的能力就比较强；反之，若 η 值较大，则供应链恢复同步的能力就比较弱。当 η 超过一个极限值时，供应商和零售商的运动完全处于失调状态，此时供应链应急事件就发生了。具体的讨论见图 4-1 至图 4-4：不同条件下的供应商与零售商运作相位图。

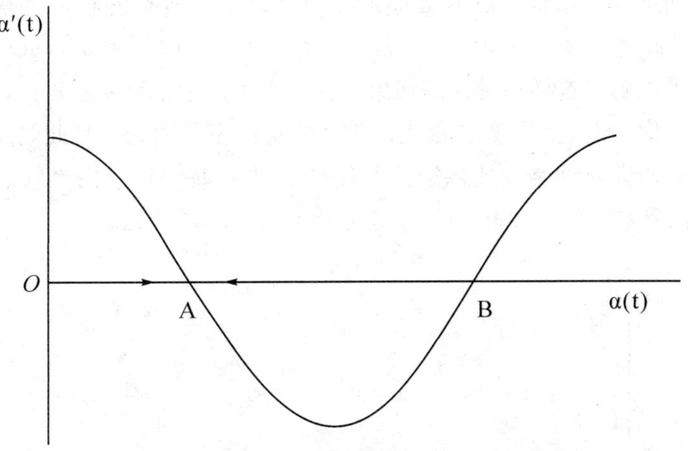

图 4-1　$\eta = 0$，供应商与零售商运作相位图

在图 4-1 中，$\eta = 0$，所有的轨道都指向稳定的不动点 A，它满足 $\alpha(t)^* = 0$。此刻的供应商和零售商始终是同步的，而且他们满足式子 $\sigma = \omega$。这种状态是我们希望的一种理想运作协调状态，它表示：只要零售商一发出市场需求信号，供应商就会立刻按照需求进行供货，而且双方的运作速度始终一样，没有任何的延迟。但这种状态在现实生活中非常的少见，因为信号的传递和货物的传送总是要花费一些时间。所以常见的运作协调是图 4-2 所描述的情形。

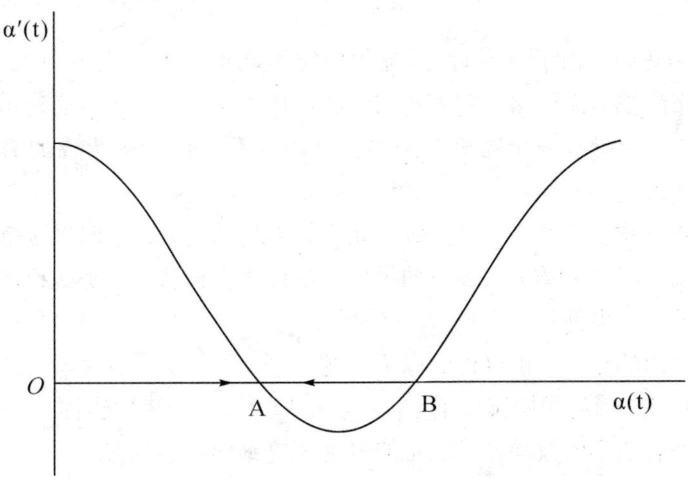

图 4-2　$0 < \eta < 1$，供应商与零售商运作相位图

在图 4-2 中，由于 $0 < \eta < 1$，它相当于图 4-1 整体上移 η，此时系统中

稳定的不动点 A 与不稳定点 B 之间的距离变近了。所有的轨道都指向稳定的不动点 A，此时 $\alpha(t)^* > 0$ 是一个常数，它的值为 $\alpha(t)^* = \arccos((\sigma - \omega)/k)$。图 4-2 可以解释这样一种经济现象：在现实生活中，只要零售商按照事先的约定及时订货，供应商一般都能按时把货物送给零售商，而且此时零售商发送需求信号的速度 σ 通常要比供应商的速度 ω 快一些，且它们之间的差值为一个小于 k 的常数。图 4-2 中的供应链也处于运作协调状态。

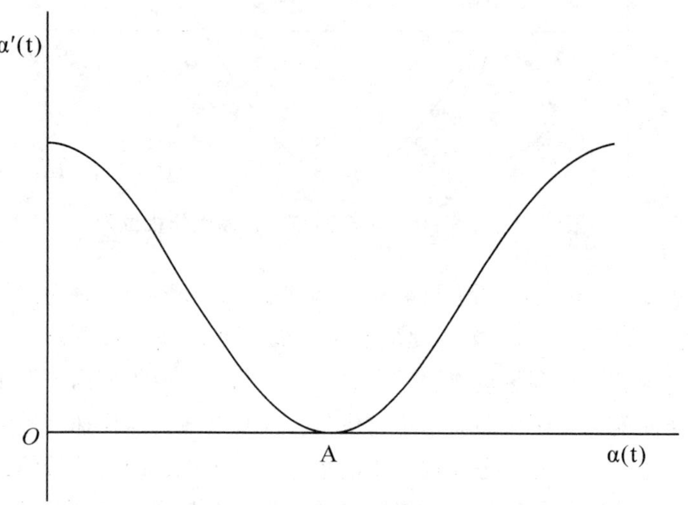

图 4-3　$\eta = 1$，供应商与零售商运作相位图

在图 4-3 中，由于 $\eta = 1$，系统的稳定不动点和不稳定不动点合二为一，此时系统出现鞍节点分岔。它表明系统的运作处于一个临界状态，市场的任何微小扰动，都会导致一个随机的结果：供应商有可能与零售商的需求信号同步，也可能失调。

在图 4-4 中，由于 $\eta > 1$，所以此刻的不动点消失，此时供应链处于完全失控的状态。如果市场上大多数的供应链都处于失控状态，那么市场上就发生了供应链的应急事件。

通过上面的分析，可以得到以下命题：

命题 4-1：当运作协调因子 ($0 \leqslant \eta < 1$) 时，系统都能同步，而且即使双方的速度差有微小的波动，系统也能自动恢复到同步的状态。

证明：当运作协调因子 ($0 \leqslant \eta < 1$) 时，根据相位图 4-1 和 4-2，知道此时的系统有稳定的不动点，所以即使双方的速度差有微小的波动，也会最终被拉回稳定不动点的位置，因此系统具有自动恢复同步的能力。

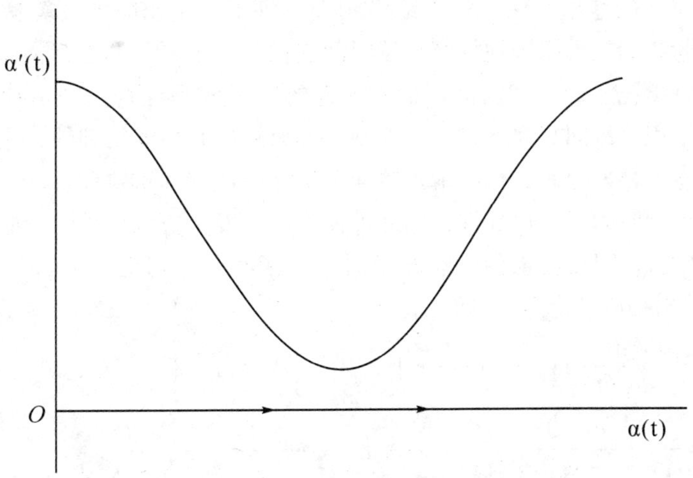

图 4-4　$\eta > 1$，供应商与零售商运作相位图

命题 4-2：当参数满足：$\omega - k \leqslant \sigma \leqslant \omega + k$ 时，供应链处于运作协调状态。

证明：利用命题 4-1 的结论，并结合式（4-3）来求解供应链的运作协调区间。

令式（4-3）左边为零，通过整理，可以得到：

$$\sigma = \omega + k\cos\alpha(t) \tag{4-7}$$

根据余弦函数的性质，可以得到协调区间为：

$$\omega - k \leqslant \sigma \leqslant \omega + k \tag{4-8}$$

供应商的供货速度只要满足式（4-8），供应链都能处于运作协调状态。

命题 4-3：当 $\eta > 1$，供应链发生了应急事件，此时可用锁相技术来预测应急事件的持续时间 T_d。

证明：由于在圆周上运动，所以供应商和零售商的相位差最大不过是 2π，因此取 2π 作为预测应急事件持续时间的积分区间，可以得到式（4-9a）：

$$T_d = \int_0^{2\pi} \frac{dt}{d\alpha(t)} d\alpha(t) \tag{4-9a}$$

$$= \int_0^{2\pi} \frac{d\alpha(t)}{\sigma - \omega - k\cos\alpha(t)} \tag{4-9b}$$

从式（4-9b）中，不难看出，由于 k 和 ω 都是供应链系统固有的确定性参数，因此只要知道了 σ 的值，就可以用数值法近似地算出应急事件的持续时间 T_d。这为供应链企业进一步协调资源间的调度提供了理论依据。

命题 4-3 的作用有两个：①给供应链提供了一个粗略的计算持续时间的方法；②为我们较为精确地计算持续时间提供了一个可行的思路：如果想较为精确地计算出应急的持续时间，最为关键的因素就是寻找圆周运动的积分区间，而这个积分区间只要通过持续的观测和监控是有可能得到的，这从一个侧面表明应急事件发生时，持续地观察与获取相关数据的重要性。

此外由于时间具有可加性，因此即使供应链发生应急事件时，应急事件的强度不是常数，只要能得到一些分段的积分区间，我们也都可以利用式（4-10b）计算出相应的应急持续时间。

$$T_d = \int_{\alpha_1}^{\alpha_1'} \frac{dt}{d\alpha_1(t)} d\alpha_1(t) + \cdots + \int_{\alpha_n}^{\alpha_n'} \frac{dt}{d\alpha_n(t)} d\alpha_n(t) \tag{4-10a}$$

$$= \int_{\alpha_1}^{\alpha_1'} \frac{d\alpha_1(t)}{\sigma_1 - \omega - k\cos\alpha_1(t)} + \cdots + \int_{\alpha_n}^{\alpha_n'} \frac{d\alpha_n(t)}{\sigma_n - \omega - k\cos\alpha_n(t)} \tag{4-10b}$$

在式（4-10b）中，$(\alpha_1,\ \alpha_1')\ \cdots\ (\alpha_n,\ \alpha_n')$ 对应不同强度应急事件的积分区间，$\sigma_1\ \cdots\ \sigma_n$ 对应在不同强度应急事件中，各自零售商发送需求信号的速度。由于这些数据都可以通过持续的观察得到，所以即使供应链在发生应急事件期间，事件的强度发生变化，导致我们得到一些分段的积分区间，也能通过式（4-10b）对之做相应的处理。

4.3 本章结论

研究表明，系统发生应急事件与运作协调因子 η 有关：

①当 $0 < \eta < 1$ 时，系统处于运作协调状态，即使供需双方受到外界的微小扰动也能够自动地恢复同步。

②当 $\eta = 1$，系统处于一种临界状态，任何的微小扰动都会导致一个不可预测的结果。

③当 $\eta > 1$，系统处于失控状态，此时发生供应链应急事件。

④供应链的运作协调区间为：$\omega - k \leqslant \sigma \leqslant \omega + k$ 。

⑤如果供应链发生了应急事件，系统可以预测应急事件的持续时间 T_d 。

4.4 本章小结

本章利用非线性动力学中关于流体同步的方法研究了供应链的应急机理。

研究表明，通常供应链都具有一定的冗余能力，所以在一定的运作范围内供应链能够保持协调。但是当供应商和零售商的运作速度超过一定的范围，双方的运作将会发生失调现象，如果市场上大部分的供应链都发生这种现象，就会导致供应链应急事件的发生。一旦发生了应急事件，可以利用锁相技术来预测应急事件的持续时间，这为进一步开展供应链应急管理打下基础。

第五章　基于新消费者行为理论的供应链应急预案研究

第四章运用非线性动力学中，关于流体同步的知识研究了供应链应急事件的发生机理，以探究供应链应急事件固有的发生、发展及其演化的规律，为加强防范及进一步开展供应链应急管理打下基础。而由于供应链应急事件具有非常显著的异常不确定性特点：难以预测，事件可能发生，也可能不发生，而一旦发生会引起重大的损失。因此，在应急管理中，要想把供应链应急事件造成的损失减到最小，除了平时积极加强预防外，还应该制定一些供应链应急预案，即通过信息分析，预测事物发展的趋势，识别可能带来的威胁，并对这些情况制定相应的预备性处置方案。本章基于新消费者行为理论和应急事件分级管理思想，提出供应链应急事件的动态管理预案，并给出了求解应急损失的新方法。

5.1　引言

近年来，各种突发事件频繁发生。这不仅给人民群众的生活和工作带来巨大困难，而且也给国民经济的可持续发展造成很大的负面影响。面对这些突如其来的灾害，除了采取积极、合理的应对措施外，还应该积极地反省自身工作中的薄弱环节。特别是地方政府与供应链企业普遍缺乏一种对突发事件的防范意识。因此他们即便能发现一些应急事件的前兆信号，也因没有合适的灾害评估手段，所以很难及时地启动应急预案，从而给国家和个人造成重大的损失。这些问题都是现阶段社会和供应链企业急需解决的问题。由于供应链应急预案管理是供应链应急管理的一个重要分支，虽然学术界对于它的研究还没有一个确切的认定，但是已有一些学者对此开始进行相关研究。

首先，从预案管理的情况来看，目前的研究主要集中在以下三个方面：

①突发事件和预案管理的分类以及分级方法研究。吴宗之（2003）[182]对重大事件的应急预案管理做了很好的综述和展望。杨静（2005）[183]从系统角度对突发事件的分类、分级进行了总结，提出了对突发事件进行动态分类的思想和研究框架，研究表明：通过把聚类分析和判断分析的方法引入应急事件的评估中，大大地减少了人为的主观误判。姚杰、池宏（2005）[184]通过利用带潜变量的结构方程模型建立了事件与机构之间的定量模型，从而为进一步评估机构的应急绩效与指标提供了依据。②研究应急预案中样本的选择问题。Jenkins（1999，2000）[185-186]运用情景规划法对灾难事件的样本选择做了一些有益的尝试。③研究应急预案的动态调整问题。突发事件应急管理的一个重要特征和主要难点，在于突发事件的管理者必须根据阶段性的处理结果和突发事件的发展趋势动态地调整管理活动。姚杰、计雷（2005）[187]运用动态博弈的框架分析了突发事件应急管理中"危机事件"与"管理者"之间的动态博弈过程，并探讨了应急预案的制定与动态调整方法。

其次，从供应链应急的研究情况来看，目前主要侧重于用契约手段来协调供应链中的应急事件。Xu 和 Gao（2005）[129]对需求发生扰动下的供应链协调问题进行了研究。不过他们假设需求与价格为线性关系，但生产成本是产量的凸函数。研究表明：供应商在了解到实际的需求信息后，可以通过实际的需求变化方式来设定批发价，以此在新的环境下获得最优的定购量和零售价格，并使供应链协调。Sun 和 Yu（2005）[188]研究了当供应商的生产成本发生扰动时，用收益共享契约来协调供应链，并给出了供应链的最优应急策略。国内学者于辉（2005）[134]研究了在两节点供应链中，在需求发生扰动时，如何用数量折扣契约协调突发事件所造成的扰动。接着于辉、陈剑（2005，2006）[50，135]又运用回购契约、批发价契约对突发事件下供应链的协调做了进一步研究，并提出了一些新的具有抗突能力的契约。直到最近，于辉、陈剑（2007）[164]开始尝试用局内决策的方法构建供应链企业的应急预案，开创了供应链应急预案研究的先河，并通过引入"竞争比"来刻画预案的有效性。研究表明：在预案管理中引入援助协调机制有可能使企业间在应对突发事件上取得启动时机上的协调。这是目前为数不多的关于供应链应急预案管理的文献。

从上述文献可以看出，整个供应链的应急预案研究还处于起步阶段，尤其对作为预案启动信号的供应链应急损失值的定量研究还比较匮乏。这主要有两方面的原因：从主观上讲，对供应链应急的本质和规律认识还不够深入，因此很难用定量模型来刻画供应链在应急中遭受的损失；从客观上讲，由于供应链是以核心企业为中心，通过信息流、物流、资金流的协调，把供应商、制造商、分销商、零售商连成一体的企业联盟，个体企业间的影响较大。因此供应链的应急管理和一般企业应急有很大的不同。想用先评估个体企业损失再评估供应链总体损失的做法基本行不通，这就需要寻找新的评估应急损失的方法。

针对上述的不足，本书转换思路：没有直接从应急事件中个体利润损失来确定联盟的损失，而是把供应链看作一个整体，从它的利润源头——消费者入手，通过确定消费者在应急事件中的利润损失，从而间接地评估了整个供应链遭受的损失，最后把这个损失值作为启动供应链应急预案的基准信号。

论证结构：首先引入新消费者函数[189]，并在此基础上引入时间、应急事件的种类、强度等变量，来构建消费者在应急事件下的期望效用模型。然后，根据时间分配理论来计算消费者的应急损失。最后通过受灾人群的分布与消费者的损失计算出整个供应链的期望损失，并把此值与预案的启动阀值进行比较，从而确定供应链预案的启动时机。

5.2 在应急事件下的新消费者模型

在传统的新古典经济框架中，人们把消费者和生产者进行完全的两分。这导致在新古典经济学中，所有的消费者只能进行消费，他们从企业那里购得一切物品，他们不需要生产，也就不需要考虑时间的价值。而在应急事件下，这种情形将有所改变。这是因为供应链应急事件具有高度的不确定性和破坏性，所以时间的机会成本对于消费者来说，可能极其昂贵。在应急期间，如果他们不能合理地支配自己的时间，很可能在未来遭受严重的损失。这些损失的形式多样：有可能是期望收益的下降，也可能是个人健康的损害，甚至可能失去自己的生命。因此消费者在应急情况下必须要考虑时间的价值。基于此，我们在供应链的应急预案管理中引入新消费者函数，以考察时间在供应链应急环境下对消费者效用的影响。

新消费者函数与传统消费者函数的最大区别在于，消费者不再仅仅具有消费的功能，他是一个消费者与生产者的聚合体。在应急事件发生期间，他们除了工作与消费时间外，一个很重要的任务就是利用休息时间去收集相应的应急品。这个过程与我们通常的购物消费有很大区别。因为通常的购物对时间要求不是那么严格，而在应急过程中，消费者对应急品的购买及生产过程对时间的要求很严格，如果不及时处理，他们很可能遭受重大的损失。这个差别在我们的函数中，通过时间也能创造价值表现出来。

模型中的变量说明及基本假设：

假设1：K代表应急事件的种类。

假设2：S代表应急事件的强度。

假设3：由于不同种类、强度的应急事件对消费者造成的损失不一样，所以我们对应急事件先按种类（K）进行划分，其中k可以取不同的值，代表不同的应急事件，本书假设应急事件种类为固定值k；接着在同一种类中按应急事件强度（S）递增的顺序进行排列。

例：在同一种类的应急事件中，应急强度满足（$s_2 > s_1$）。

假设4：假设应急地区（以下简称应急区）受灾人群的密度函数为$f(x)$，分布函数为$F(x)$。

假设5：在应急区的受灾者代表了该区个人的平均收入和消费水平。此外，用货币函数$L(Z_1, Z_2, \cdots Z_n, k, s_i)$表示消费者没有充分利用应急时间而遭受的损失，且假定所有灾民遭受的损失都是同质的。

假设6：在同种类的应急事件中，如果事件的强度越大，代表对应的应急事件造成的损害也就越大。此外，假设$M(k, s_i)$为供应链在应急事件i下相应的供应链应急预案阀值，当供应链中没有应急事件发生时，则令$M(k, s_0) = 0$。

例：根据假设在本节中的应急事件2用（k, s_2）表示，应急事件1用（k, s_1）表示。根据假设3和假设6，可以知道：应急事件2造成的损失比应急事件1大。

假设7："正常的"应急品i在应急事件2下的价格大于应急事件1的价格$P_i(k, s_2) \geqslant P_i(k, s_1)$。

假设8：消费者在应急情况下，生产应急品满足$q_j \equiv \theta_j(k, s_i)Z_j$，其中$\theta_j(k, s_i)$表示：在应急事件种类为$k$，强度为$s_i$时，市场商品$q_j$转化为消费者生产品$Z_j$的成功率。在应急种类$k$一定，$s_2 > s_1$的条件下，令$\theta_j(k, s_2) < \theta_j(k, s_1)$。也就是说应急事件的强度越大，消费者生产应急品的概率越低，这也符合一般的社会常识。

假设9：假设消费者总的可支配时间为：$T = T_c + T_w$。在应急情况下，消费者在应急品j上花费的应急时间$T_j(k, s_i)$仅与正常情况（没发生应急事件）下的消费时间T_c有关，而与工作时间T_w无关。消费者总的应急时间可以表示为：$\sum_{j=1}^{n} T_j(k, s_i) = \sum_{j=1}^{n} \alpha(\theta_j(k, s_i))T_c$，其中$0 \leqslant \alpha(\theta_j(k, s_i)) \leqslant 1$，其中$\alpha(\theta_j(k, s_i))$表示：在应急事件种类为$k$，强度为$s_i$的情况下，生产应急品j

所需应急时间占用正常消费时间 T_c 的比例（简称应急时间占用比），它是应急品转换率 $\theta_j(k, s_i)$ 的函数，假设应急时间占用比是应急品转换率的减函数，也就是说应急事件的强度越大，消费者生产应急品的概率越低，那么他为了减少损失，就需要花费更多的时间搜寻和生产应急品。

上面的假设 1~假设 4 都很容易理解。

假设 5 是我们用一个货币函数来表示消费者在不同级别和强度应急事件下遭受的损失。

假设 6 是根据常理来设定的，因为一般的灾害都是强度越大，那么它的破坏力就越大，受灾人遭受的损失也越大。例如地震这种自然灾害，就是震级越大，那么灾民遭受的损失也就越严重。

假设 7 中的“正常的”应急品，是为了限定研究范围，一般来说由于应急事件导致难以获得的商品，基本都属于我们研究的“正常的”应急品。而“正常的”应急品由于应急事件的发生导致其资源稀缺性增加，从而引发价格上涨也是一种普遍现象。比如“SARS”病毒因破坏呼吸道，导致人们大量地抢购呼吸道药品，引起呼吸道药品价格普遍疯涨。此外，假设 7 也排除了应急品是“坏的”的情况，如食品变质或污染等就属于这种情况，例如：2008 年发生的三聚氰胺牛奶污染事件，从而致使牛奶价格大幅度缩水，就不属于本节的研究对象。

根据传统的理论，消费者通过选择相关的产品，可以使自身的效用函数最大化，它的效用函数形如：

$$U = U(q_1, q_2, \cdots q_n) \tag{5-1}$$

其资源的受限条件为：

$$\sum_{j=1}^{n} p_j q_j = I = W + V \tag{5-2}$$

公式（5-2）中，q_j 为一个向量，它表示在正常情况下，消费者从市场上购买第 j 种商品的数量，p_j 为正常情况下相应商品的价格向量，I 表示消费者在正常情况下的货币总收入，W 表示其工作报酬，V 表示其他收入。为了理解时间在供应链应急预案管理中的价值，本书引用了贝克尔的新消费者函数。但与其不同的是，我们还加入了应急事件的种类与强度这两个变量，以考察应急情况下消费者的行为变化对自身利润的影响。

在应急情况下，时间不仅被消费者用来消费，也被用来搜寻应急品——以减少未来的损失。因此，它间接地创造了价值。由于时间的机会成本发生变化，引起消费者的身份也随之改变。他们从单一的消费者，变为身兼两职：既是消费者，又是应急品的生产者。因为消费者必须根据应急事件的种类和强度，综合利用市场产品与时间要素，生产出更为基本的应急品，并把它们纳入自己的效用函数，才有可能减少自己的损失，增加效用。例如，搜寻应急品可以看成消费者在该情形下生产的应急商品，该商品不仅取决于市场提供的产品，也取决于消费者，应急事件的种类、强度，以及搜寻时间等要素。用 Z_k 来表示该生产函数：

$$Z_j = f_j(q_j, T_j(k, s_i)) \tag{5-3}$$

公式（5-3）中，$T_j(k, s_i)$ 表示消费者花费的应急时间。该函数反映了消费者在应急情况下角色的转变。消费者通过生产函数 f 生产出基本的应急品 Z_j，并选择最优的应急品组合，从而使自身的效用最大化：

$$U = U(Z_1, Z_2, \cdots Z_n) \tag{5-4a}$$

$$= U(f_1, f_2, \cdots f_n) \tag{5-4b}$$

$$= U(q_1, \cdots q_n; T_1(k, s_i) \cdots T_n(k, s_i)) \tag{5-4c}$$

此外，公式（5-4c）中的生产函数 $T_j(k, s_i)(j = 1 \cdots n)$ 可以进一步地转化为下面的恒等式：

$$T_j(k, s_i) \equiv t_j(k, s_i) Z_j \tag{5-5}$$

在公式（5-5）中，$t_j(k, s_i)$ 表示消费者在应急情况下，生产每单位应急消费品 Z_j 需要的时间投入量。

如果用 $\tilde{W}_w$ 表示消费者每单位工作时间的报酬，且假设它是一个常数，那么消费者的工作薪酬可以表示为：

$$W = \tilde{W}_w T_w \tag{5-6}$$

由于消费者可支配的时间是由工作时间 T_w 和消费时间 T_c 构成，且根据假设9，容易知道应急时间 $T_j(k, s_i)$ 仅是消费时间的一部分，所以可以把公式（5-5）、（5-6）代入公式（5-2），得到公式（5-4c）的唯一的约束条件：

$$\sum_{j=1}^{n} (p_j \theta_j(k, s_i) + \tilde{W}_w t_j(k, s_i) / \alpha(\theta_j(k, s_i))) Z_j = \tilde{W}_w T + V \tag{5-7a}$$

$$= F(k, s_i) \tag{5-7b}$$

在公式（5-7b）中，$F(k, s_i)$ 表示在应急情况下，消费者充分利用应急时间、工作时间以及其他资源所获取的货币收入，不妨称之为“应急情况下的充分收入 $F(k, s_i)$”。因此，该收入即可以直接通过消费者生产的应急品 $\sum_{j=1}^{n} p_j \theta_j(k, s_i) Z_j$ 支出，也可以间接地通过放弃生产应急品，转而消费应急时间，以 $\tilde{W}_w t_j(k, s_i) / \alpha(\theta_j(k, s_i))\ Z_j$ 而支出。

在公式（5-7a）中，左边 Z_j 的系数可以看成消费者生产应急品的价格，它可以表示为下式：

$$P_j(k,\ s_i)=p_j\theta_j(k,\ s_i)+\tilde{W}_w t_j(k,\ s_i)/\alpha(\theta_j(k,\ s_i)) \tag{5-8}$$

从公式（5-8）中，可以看出消费者生产应急品的价格由两部分组成，第一部分与应急品相对应的商品正常价格 p_j 和应急品转换率 $\theta_j(k,\ s_i)$ 有关；第二部分与消费者每单位工作时间的报酬 $\tilde{W}_w$ 、应急时间占用比以及单位应急消费品 Z_j 需要的时间投入量有关。

5.3 模型分析

命题 5-1：随着应急事件强度的增加（$s_2>s_1$），消费者花费在应急物品上的时间也会增加。

证明：用应急事件 2 中生产应急品 i 的价格，减去应急事件 1 中应急品 i 的价格有下式：

$$P_i(k,\ s_2)-P_i(k,\ s_1)=p_i\theta_i(k,\ s_2)+\tilde{W}_w t_i(k,\ s_2)/\alpha(\theta_i(k,\ s_2))$$
$$-(p_i\theta_i(k,\ s_1)+\tilde{W}_w t_i(k,\ s_1)/\alpha(\theta_i(k,\ s_1))) \tag{5-9a}$$

$$=[p_i\theta_i(k,\ s_2)-p_i\theta_i(k,\ s_1)]$$
$$+[\tilde{W}_w t_i(k,\ s_2)/\alpha(\theta_i(k,\ s_2))-\tilde{W}_w t_i(k,\ s_1)/\alpha(\theta_i(k,\ s_1))] \tag{5-9b}$$

根据前面的假设，有 $P_i(k,\ s_2)-P_i(k,\ s_1)>0$

把上式带入公式（5-9b）有：

$$[p_i\theta_i(k,\ s_2)-p_i\theta_i(k,\ s_1)]$$
$$+[\tilde{W}_w t_i(k,\ s_2)/\alpha(\theta_i(k,\ s_2))-\tilde{W}_w t_i(k,\ s_1)/\alpha(\theta_i(k,\ s_1))]>0 \tag{5-10}$$

又根据假设 4，知道 $\theta_i(k,\ s_2)<\theta_i(k,\ s_1)$ 所以有：

$$p_i\theta_i(k,\ s_2)-p_i\theta_i(k,\ s_1)<0 \tag{5-11}$$

把公式（5-11）带入公式（5-10），一定有：

$$\tilde{W}_w t_i(k,\ s_2)/\alpha(\theta_i(k,\ s_2))-\tilde{W}_w t_i(k,\ s_1)/\alpha(\theta_i(k,\ s_1))>0 \tag{5-12a}$$

$$\Rightarrow t_i(k,\ s_2)/\alpha(\theta_i(k,\ s_2))-t_i(k,\ s_1)/\alpha(\theta_i(k,\ s_1))>0 \tag{5-12b}$$

又因 $\alpha(\theta_j(k, s_i))$ 是 $\theta_j(k, s_i)$ 的减函数，因此在生产 i 类商品，也就是 $j=i$，$\theta_i(k, s_2) < \theta_i(k, s_1)$ 的条件下，一定有 $\alpha(\theta_i(k, s_2)) > \alpha(\theta_i(k, s_1)) \geqslant 0$，利用此式有：

$$t_i(k, s_1)/\alpha(\theta_i(k, s_1)) > t_i(k, s_1)/\alpha(\theta_i(k, s_2)) \tag{5-13}$$

综合公式（5-12b）与公式（5-13），一定有：

$$t_i(k, s_2)/\alpha(\theta_i(k, s_2)) > t_i(k, s_1)/\alpha(\theta_i(k, s_2)) \tag{5-14a}$$

$$\Rightarrow t_i(k, s_2) > t_i(k, s_1) \tag{5-14b}$$

所以命题 5-1 得证。该命题表明：随着应急事件强度的增加，消费者如想减小自己的损失，就一定要加大应急时间的投入。这与日常所见应急事件的情形非常吻合。例如：在非典事件发生期间，随着疫情的蔓延，全国各地的板蓝根制剂大幅涨价，与此同时消费者若想减小自己患病的可能，就应花费比平时更多的时间去药店，才有可能买到板蓝根制剂。

为了刻画消费者的应急损失。首先假定消费者在应急情况下能充分利用自己的时间，那么根据公式（5-7b）确定的应急情况下充分收入的定义，有下面的表达式：

$$I + L(Z_1, Z_2, \cdots Z_n, k, s_i) = F(k, s_i) \tag{5-15}$$

其中，I 为正常情况下，消费者的最大货币收入，$F(k, s_i)$ 为消费者在应急情况下的充分收入。把公式（5-2）、（5-5）带入公式（5-15），可以得到消费者在应急情况下的损失函数为：

$$L(Z_1, Z_2, \cdots Z_n, k, s_i) \equiv F(k, s_i) - \sum_{j=1}^{n} p_j q_j \tag{5-16a}$$

$$= F(k, s_i) - \sum_{j=1}^{n} p_j \theta_j(k, s_i) Z_j \tag{5-16b}$$

通过把公式（5-7）、（5-8）带入公式（5-16b）可以得到，消费者在应急情况下的损失函数的另一种表达方式：

$$L(Z_1, Z_2, \cdots Z_n, k, s_i) = \sum_{j=1}^{n} [P_j(k, s_i) - p_j \theta_j(k, s_i)] Z_j \tag{5-17}$$

命题 5-2：随着应急事件强度的逐渐加大，消费者遭受的应急损失也在逐步增大。

证明：利用公式（5-17），用应急事件 2 的消费者损失减去应急事件 1 的消费者损失有：

$$L(Z_1, Z_2, \cdots Z_n, k, s_2) - L(Z_1, Z_2, \cdots Z_n, k, s_1)$$

$$= \sum_{j=1}^{n} [P_j(k, s_2) - P_j(k, s_1)] Z_j - \sum_{j=1}^{n} [p_j \theta_j(k, s_2) - p_j \theta_j(k, s_1)] Z_j \tag{5-18}$$

根据假设（5-4），可以知道（5-18）右边的第一项 $\sum_{j=1}^{n}[P_j(k, s_2) - P_j(k, s_1)]Z_j > 0$；并且由于 $\theta_j(k, s_2) < \theta_j(k, s_1)$，因此 $\sum_{j=1}^{n}[p_j\theta_j(k, s_2) - p_j\theta_j(k, s_1)]Z_j < 0$。综上所述，$L(Z_1, Z_2, \cdots Z_n, k, s_2) - L(Z_1, Z_2, \cdots Z_n, k, s_1) > 0$，命题5-2得证。

虽然命题5-2的经济意义非常直观，但是它给我们提供了一种间接计算供应链损失的思路。因为随着应急事件强度的增加，消费者遭受的损失也在逐步加剧。如果我们假设消费者在应急情况下的充分收入为一个定值，那么随着应急强度的增加，这会极大限制消费者的购买力，从而最终导致供应链企业销售量下降。从图5-1可以清楚地看到：在应急事件1的情况下，消费者的收入约束方程为 I_1，在发生应急事件2后，消费者的收入约束方程变成了 I_2，在供应曲线不发生变化的情况下，供应链企业在应急事件2下的销售量为 Q_{i_2}，它明显小于应急事件1下的销售量 Q_{i_1}。

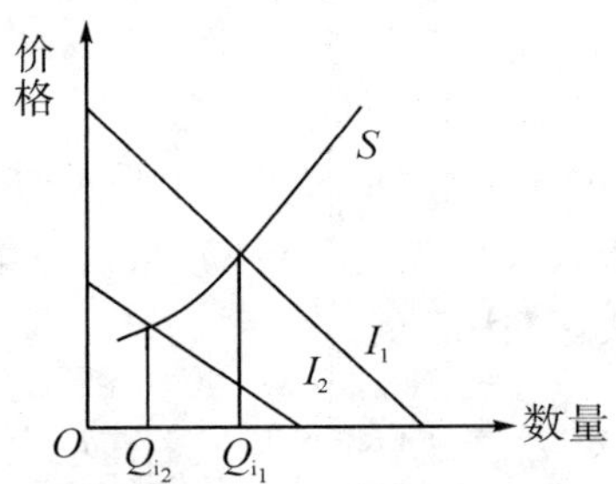

图5-1　在应急损失下消费者购买力变化关系图

命题5-3：如果发生应急事件时，供应链已处于i级预案，当 $\Delta E(\pi_l)_s > M(k, s_{i+l}) - M(k, s_i)$ 时，那么供应链应该从 i 级预案跃升到 $i+l$ 级预案，其中 $\Delta E(\pi_l)_s$ 为应急事件从 i 变化到 $i+l$ 时，供应链的期望损失改变量。

证明：当应急事件从 i 发展到应急事件 $i+l$ 时，消费者在此刻期望遭受的应急损失为：

$$E(\pi_l)_s = \int_0^{+\infty} xf(x)[L(Z_1, Z_2, \cdots Z_n, k, s_{i+l}) - L(Z_1, Z_2, \cdots Z_n, k, s_i)]dx$$
$$= E(x)\sum_{j=1}^{n}[(P_j(k, s_{i+l}) - P_j(k, s_i)) - (p_j\theta_j(k, s_{i+l}) - p_j\theta_j(k, s_i))]Z_j \quad (5-19)$$

公式（5-19）中，$E(x)$ 表示受灾人数的期望值。在供应商的供应能力不变的情况下，可以利用图5-1的方式得到消费者在新情况下购买能力的变化

值为 $E(x)\sum(Q_{i+l}-Q_i)$，其中 Q_{i+l} 为应急事件 $i+l$ 下消费者购买商品的数量，Q_i 为应急事件 i 下消费者购买商品的数量。因此供应链在此刻总的期望损失改变量为：

$$\Delta E(\pi_l)_s = p_i E(x)\sum(Q_{i+l}-Q_i) \tag{5-20}$$

因此，当供应链的期望损失满足下列条件，供应链的预案就应该升级：

$$\Delta E(\pi_l)_s = p_i E(x)\sum(Q_{i+l}-Q_i) > M(k,\ s_{i+l}) - M(k,\ s_i) \tag{5-21}$$

公式（5-21）中，$M(k,\ s_{i+l})$ 为供应链在应急事件 $i+l$ 下的启动阀值，$M(k,\ s_i)$ 为供应链在应急事件 i 下的启动阀值，当这两个阀值的差小于由于应急事件升级造成的供应链期望损失的改变量时，供应链的应急预案应该立刻从 i 级预案管理，升级到 $i+l$ 级预案管理。

命题 5-3：如果供应链原来处于正常情况，当 $\Delta E(\pi_l)_s > M(k,\ s_1)$ 时，那么供应链应该从正常情况跃升至一级预案。

证明：根据假设 6，知道在正常情况下供应链的应急阀值 $M(k,\ s_0)=0$，所以当发生应急事件，引起供应链期望损失值满足下列条件时，应该立即启动供应链应急预案。

$$\Delta E(\pi_l)_s = p_i E(x)\sum(Q_1-Q)E(\pi_l)_s > M(k,\ s_1) \tag{5-22}$$

公式（5-22）中，其中 Q_1 为应急事件 1 下消费者购买商品的数量，Q 为正常情况下的购买数量。

从上面 的分析中不难看出，命题 5-3 是命题 5-2 的一个特例。

虽然命题 5-1、命题 5-2、命题 5-3 计算简单，但是这三个命题合起来，提供了一种在应急事件下，计算供应链损失以及启动应急预案的新方法。该方法从消费者着手，通过分析消费者损失对购买力的影响，从而间接算出供应链的损失，也为供应链启动应急预案提供了基准信号。在实际的操作中，应该注意以下两个方面：①消费者损失的估算问题。由于应急事件爆发突然，所以供应链企业要注意实时跟踪消费者的行为变化，在尽可能短的时间内计算出消费者的损失情况。如：非典事件时，相关供应链企业应实时跟踪事态的变化，综合各方面的消息尽快评估出消费者患病的机会成本，再根据自己已有的历史销售数据得到新的消费者收入约束曲线，从而评估出消费者遭受的应急损失，最后根据整个地区的患者分布情况，得出供应链的整体损失情况。②供应链启动应急预案的阀值设定问题。这需要供应链企业收集以往相关历史事件处理情况，并结合供应链自身的组织构成情况事先设定阀值。如没有相关资料，只有根据其他组织处理相关事件的经历灵活处理。从这两方面可以看出，供应链的应急预案管理，是一个系统工程，它需要众多公共部门的支持，并需要供应链企业建立较为完善的管理信息系统，该系统一方面能够提供较为详细的历史数据，另一方面能够及时地采集数据跟踪消费者的变化情况，以便企业及时决策，减小损失。这对企业的信息化水平和事态响应能力都提出了很高的要求。

5.4 本章结论

本章的研究表明：

①随着应急事件强度的增加（$s_2 > s_1$），消费者花费在应急物品上的时间也会增加。

②随着应急事件强度的逐渐加大，消费者遭受的应急损失也在逐步增大，从而供应链的期望损失也会随之增大。

③如果供应链原来处于正常情况，当供应链的损失大于一级应急情况下的阈值时，供应链应该从正常情况跃升至一级预案。

④当供应链的期望损失量 $\Delta E(\pi_l)_s > M(k, s_{i+l}) - M(k, s_i)$，该供应链应该从 i 级预案跃升到 i+l 级预案。

5.5 本章小结

本章利用新消费者函数研究了应急情况下，供应链预案的启动时机问题，并提出了计算供应链损失的新方法。运用该方法可以方便地估算出供应链的损失，通过把该值与预先设定的预案阈值进行比较，就能方便地确定供应链预案的启动时机。研究结论表明，随着应急事件的逐步升级，消费者应急时间的投入量与损失量都在增加。这会导致消费者购买能力的下降，从而使得供应链的期望损失变大。当期望损失大到一定程度时，应随事态变化，进行预案升级实现动态管理，从而尽可能减小应急事件带来的损失。

第六章 供应链伙伴关系建设与风险关系的研究

在本书的第二章、第三章，我们在常规不确定性下，研究了如何利用契约来协调供应链。而在第四章、第五章，我们又在异常不确定性下，研究了应急事件的发生机理，以及应急预案管理，希望通过机理分析发现供应链应急事件的发生规律，进而制定合理的预案，在应急事件发生时，能够根据具体的事态发展情况作出动态管理，以控制事态的恶化，将可能的损失降到最小。不过上述这几章内容，从某种意义上来讲都是从外部机制和措施着手，力图减少不确定性带给供应链的负面影响，以此改善和提高供应链的绩效。但它们并没有考虑契约和措施的执行问题。而这个问题在不确定性和非对称信息的影响下，很可能引发供应商和零售商的内部风险，即道德风险或逆向选择问题。本章希望从供应链的内部建设着手，研究供应链伙伴关系的建设问题，以及伙伴关系与减小不确定性带来的风险问题。

6.1 引言

从市场环境来看，在市场全球化、产品多样化的今天，个体企业很少以独立实体的方式参与市场竞争，取而代之的是以供应链的方式加入这场残酷的争斗。因此，任何个体企业要想在市场中获得一席之地，就必须提升整个供应链的稳定性与竞争力。通常，供应链是以核心企业为中心，把供应商、制造商、分销商、零售商乃至最终用户连成一体的供需网络结构。链中成员一方面想保持自身的独立性，另一方面又为特定的战略目标（如资源共享、共担风险或成本等），通过股权参与、契约联结等方式与许多资源互补的企业组成供应链。根据约束理论[187]，可以知道一旦供应链中有一个成员的绩效低下，就会降低供应链的整体绩效。因此要想获得双赢局面，即各企业既要满足自身利润最大化，又要兼顾供应链的整体利润最优，就必须要加强供应链伙伴关系的建设。

从学术界来讲，供应链的伙伴关系研究，在近年来一直是个热点。良好的伙伴关系，不仅为供应链盈利创造了条件，也为联盟抵御应急事件打下了坚实的基础。Wilson（1983）[144]通过对一百多家英国公司进行调研发现，零售商为了削减搜寻、管理、维护供应商的成本，通常希望把供应商的个数缩减到一定范围，同时尽量与这些供应商维持一种长期的合作关系。陈志祥（2004）[190]对长江三角州和珠江三角州的实证研究表明，不同的激励策略会对供需双方的合作绩效产生不同的影响，而且在影响强度上也存在一定的差异。李辉、李向阳（2008）[163]综合国内外多篇文献，从供应链伙伴关系的基本理论、伙伴关系的管理现状、伙伴的组成问题、伙伴关系的维护问题、信任问题等五个方面，对供应链伙伴关系的管理做了很好的综述。研究表明：伙伴关系维护研究还有待加强。陶青（2002）[161]利用交易成本经济学中的相关概念，在信任与机会主义并存的情况下，研究了合作伙伴关系中双方资源投入程度对其收益的影响，并建立了合作伙伴的两阶段动态模型，分析了各阶段资源投入对伙伴关系的影响。研究表明：企业为了使其收益最大化应选择合适的资源投入范围。不过上述文献基本没有考虑资产专有性对供应链伙伴的影响。而根据哈特的观点[191]：如果企业间资产是严格互补的，那么它们应该以某一种形式进行合并。供应链恰恰为符合这种背景的供应商与零售商，提供了一种新型合作方式。该方式比一般企业合作关系要强，但比纵向一体化要弱。此外，时间因素在以往的文献中也常被忽略。而从生命周期观点来看，供应链的伙伴关系是一个随时间演进而不断累积的过程。就像与人交友一样，随着时光的流逝，朋友之间的关系会不断地发展。因此如何从资产专有性以及时间累积的角度去认识这种新型伙伴关系，是一个值得深入探讨的课题。

在不确定性和不对称信息的影响下，合作伙伴引发的供应链风险也是一个值得注意的问题。王慧（2008）[192]对这种风险的表现进行了相关总结。我们把这种风险概括起来，主要包括以下几个方面：①供应链合作伙伴的选择风险。它主要是由伙伴之间能力不匹配，或者合作伙伴的实力不够，以及伙伴信誉较差引起的。②道德风险。供应链的合作伙伴间在签订契约后，由于某合作者利用自己私有信息的强势地位，不履行合约，而损坏供应链的利益。③公平机制不健全引发利益分配风险。如果供应链的管理不健全，利益分配不合理，就会造成链上成员收益分配悬殊，从而影响整个链的稳定性。④管理协调之间的风险。各个企业只从自身利益最大化出发，而不考虑整体的协调，或者考虑了整体协调，但因为环境的变化，企业发现整体协调对自己并不是很有利，而拒绝执行契约等。⑤业务外包的风险。这些风险中最为常见的可能是道德风险与管理协调之间的风险。它们都与供应链的契约执行力有关，因此我们也希望通过对供应链伙伴关系与契约执行力之间的研究，从而找到一种运用良好的伙伴关系，来减小这些风险的应对办法。

针对上述文献所忽略的问题，本章的结构如下：首先从资产专有性投资与时间因素来研究供应链伙伴关系的动态发展过程，并运用微分对策论在合作条件下，得到供应商与零售商的专有资产投资均衡条件。接着，利用博弈论的方法，讨论了建立良好的伙伴关系与契约执行力之间的关系。

6.2 资产专有性投资和供应链伙伴的关系模型

科斯在企业管理的研究中，开创了契约理论的研究先河。由于该理论具有极广的适用范围，因此吸引了众多学者的关注。也引来该理论的大发展，并产生了许多重要的研究分支，其中最有名的两个分支要数交易费用理论[193]和委托—代理理论[194]。前者由威廉姆森、克莱因做了许多开创性研究，又在哈特、莫尔等人那里得到进一步的发展。哈特等人认为企业是连续生产过程中，由不完全合约所导致的纵向一体化实体。企业之所以能够出现，是因为当合约不完全时，纵向一体化能够消除或减小资产专有性所产生的机会主义问题。这个观点对于涉及纵向合作伙伴的供应链具有十分重要的借鉴意义。借用他们的研究思路有助于理顺资产专有性投资与供应链伙伴关系之间的联系。在建立资产专有性投资与供应链伙伴关系的动态模型之前，有如下假设：

假设 1：供应商和零售商都是风险中性的理性经济人。

假设 1 有两个作用：①表明供应商和零售商都以利润最大化为自己的目标；②该假设可以弱化风险偏好对目标函数的影响，从而把注意力集中于我们的研究主题。

假设 2：随着时间的流逝，未来的伙伴关系会受已有伙伴关系的影响。

假设 2 也符合常理，它表明供应链的伙伴关系是一个逐渐积累的过程。

假设 3：供应链企业之间的信任、合作与机会主义可以长期共存，资产专有性投资是维持供应链伙伴关系的基石。

假设 3 表明：为了削弱机会主义的负面影响，供应链企业应加强专有资产的投资。因为现实社会是一个竞争的社会，供应商与零售商在达成协议的前后，将要面对众多的竞争者，即便达成交易，也不可能一劳永逸。因此签约效率对双方来说，就显得尤为重要。根据资产专有性和纵向一体化的研究可以知道，要使契约有效率，就必须加强对交易产品的专有资产投资：通过专用人力、实物来进行生产或交易。对于那些投入了大量专有资产的企业来说，很可能在这场持久的竞争中取得主动地位。因为从长期来看，专有资产的投资会使双方事前搜寻成本与事后签约成本都大为降低，从而起到提高契约效率的作用。因此把供应链的伙伴关系建立在资产专有性投资的基础上，那将是一种稳定的伙伴关系。

基于以上的假设，本章研究由单一制造商和零售商组成的简单供应链。为了维持长久的供应链伙伴关系，供应商将会逐步提高产品质量方面的专有资产投资，例如引入先进的工艺、加强产品的质量监控等。零售商也会逐步增加商品服务方面的专有资产投资，例如增加商品维修点、提供多渠道的销售服务等。双方这样做的好处是能够增强产品的核心竞争力，从而起到扩大需求、增加销售收入的目的。此外，随着时间的流逝，供应商和零售商会根据已有的伙伴关系、专有资产的投入情况，调整他们未来的伙伴关系。在上述三条假设下，我们建立了基于扩展 Nerlov-Arrow 模型的供应链伙伴关系模型。它满足微分方程（6-1）：

$$\begin{cases} R(t) = \alpha V_s(t) + \beta V_r(t) + \eta R(t) \\ R(0) \geq 0 \end{cases} \tag{6-1}$$

其中：$R(t)$ 表示供应链的伙伴关系，该关系不仅受到供应商和零售商专有资产投资的影响，也受过去已有伙伴关系的影响。$R(0)$ 表示供应链伙伴关系的初始值。其中，α 是供应商的专有资产投资的影响系数；β 是零售商的专有投资的影响系数；η 是供应链伙伴关系的影响系数。为了方便分析，假设这三个系数都为正。

产品的销售收入由公式（6-2）决定：

$$\pi(V_s(t),\ V_r(t),\ R(t)) = \gamma(V_s(t) + V_r(t)) + \varphi R(t) \tag{6-2}$$

其中，γ 为专有资产投资对利润的影响因子，φ 为供应链伙伴关系对销售收入的影响因子。公式（6-2）表明：供应链的销售收益不仅受到专有资产投资的影响，也受到伙伴关系的影响，因为专有资产的持续投入，有利于厂商提高产品的质量与服务，从而起到扩大市场需求增加销售收入的作用。另外随着伙伴关系的建立，有利于减小双方的贸易摩擦，从而既能降低交易成本，也能起到增加销售收入的作用。

此外，我们假设供应链的销售收入在供应商和零售商之间进行分配，其中供应商分得 $\lambda(0 \leqslant \lambda \leqslant 1)$，零售商分得 $1-\lambda$，λ 的大小由公式（6-3）决定，它体现了公平分配的原则。供应商和零售商具有相同的贴现值 $\tau > 0$，该贴现值与国家在该时间段的宏观调控政策有关，该值会影响供应链的外部生存环境，进而影响双方的伙伴关系和利润。供应商和零售商的目标就是在无限的时间区间内寻求利润最大化的最优伙伴关系。

供应商的目标函数为：

$$\begin{cases} \pi_s = \int_0^{+\infty} e^{-\tau t} \left\{ \lambda[\gamma(V_s(t) + V_r(t)) + \varphi R(t)] - \dfrac{m}{2} V_s(t)^2 \right\} dt \\ \lambda = \dfrac{\alpha}{(\alpha + \beta)} \end{cases} \tag{6-3}$$

零售商的目标函数为：

$$\pi_r = \int_0^{+\infty} e^{-\tau t} \left\{ (1-\lambda)[\gamma(V_s(t) + V_r(t)) + \varphi R(t)] - \frac{n}{2} V_r(t)^2 \right\} dt \tag{6-4}$$

其中，$m/2V_s(t)^2$，$n/2V_r(t)^2$ 分别为供应商和零售商的专有资产投资的成本，$m > 0$，$n > 0$ 为各自投资成本的影响系数，它们都是常数。

公式（6-1）~（6-4）共同定义了具有两个控制变量 $V_s(t)$，$V_r(t)$ 与一个状态变量 $R(t)$ 的双人微分对策。在该对策中，由于所有的系数均为与时间无关的常系数，所以在无限时间段内，博弈参与人都面临相同的博弈。因此供应商和零售商的静态纳什均衡策略就是最优反映策略。

6.3 供应商和零售商的静态纳什均衡策略

命题 1：在常系数条件下，当 $\tau \neq \eta$ 时，供应商专有资产投资的纳什均衡为：$V_s(t)^* = \dfrac{\lambda\gamma}{m} + \dfrac{\lambda\varphi\alpha}{(\tau-\eta)m}$，零售商专有资产投资的纳什均衡为：$V_r(t)^* = \dfrac{(1-\lambda)\gamma}{n} + \dfrac{(1-\lambda)\varphi\beta}{(\tau-\eta)n}$

证明：根据 Dockner[195] 的微分对策解法，可以运用纳什均衡的充分条件，求出所有 $R(t) > 0$ 且满足 HJB 方程的最优值函数 $A_i(R(t))$，$i \in \{s, r\}$。当双方在独立且同时做出自己专有资产投资策略时，运用动态规划的原理可以分别求出供应商和零售商的最优反映策略。供应商的 HJB 方程为：

$$\tau A_s(R(t)) = \max_{v_s \geq 0} \left\{ \begin{array}{l} \lambda[\gamma(V_s(t) + V_r(t)) + \varphi R(t)] - \frac{m}{2} V_s(t)^2 \\ + A_s'(R(t))[\alpha V_s(t) + \beta V_r(t) + \eta R(t)] \end{array} \right\} \tag{6-5}$$

零售商的 HJB 方程为：

$$\tau A_r(R(t)) = \max_{v_r \geq 0} \left\{ \begin{array}{l} (1-\lambda)[\gamma(V_s(t) + V_r(t)) + \varphi R(t)] - \frac{n}{2} V_r(t)^2 \\ + A_r'(R(t))[\alpha V_s(t) + \beta V_r(t) + \eta R(t)] \end{array} \right\} \tag{6-6}$$

对公式（6-5）两边求 $V_s(t)$ 的二阶导，可以得到：$d^2(\tau A_s(R(t)))/dV_s(t)^2 = -m < 0$，这表明 $\tau A_s(R(t))$ 是关于 $V_s(t)$ 的凹函数，所以供应商专有资产投资的纳什均衡 $V_s(t)^*$ 应满足 $d(\tau A_s(R(t)))/dV_s(t) = 0$，即：

$$V_s(t)^* = [\lambda\gamma + A_s'(R(t))\alpha]/m \tag{6-7}$$

同理对公式（6-6）两边求 $V_r(t)$ 的二阶导，可以得到：$d^2(\tau A_r(R(t)))/dV_r(t)^2 = -m < 0$，这表明 $\tau A_r(R(t))$ 是关于 $V_r(t)$ 的凹函数，所以零售商专有资产投资的纳什均衡 $V_r(t)^*$ 应满足 $d(\tau A_r(R(t)))/dV_r(t) = 0$，即：

$$V_r(t)^* = [(1-\lambda)\gamma + A_r'(R(t))\beta]/n \tag{6-8}$$

把公式（6-7）、（6-8）代入供应商和零售商的 HJB 方程（6-5）、（6-6）可以得到：

$$\begin{aligned} \tau A_s(R(t)) = & [\lambda\gamma + A_s'(R(t))\alpha][\lambda\gamma + A_s''(R(t))\alpha]/m \\ & - [\lambda\gamma + A_s'(R(t))\alpha]^2/2m \\ & + [\lambda\gamma + A_s'(R(t))\beta][(1-\lambda)\gamma + A_r'(R(t))\beta]/n \\ & + (\lambda\varphi + A_s'(R(t))\eta)R(t) \end{aligned} \tag{6-9}$$

$$\begin{aligned} \tau A_r(R(t)) = & [(1-\lambda)\gamma + A_r'(R(t))\alpha][\lambda\gamma + A_s'(R(t))\alpha]/m \\ & - [(1-\lambda)\gamma + A_r'(R(t))\beta]^2/2n \\ & + [(1-\lambda)\gamma + A_r'(R(t))\beta][(1-\lambda)\gamma + A_r'(R(t))\beta]/n \\ & + [(1-\lambda)\varphi + A_r'(R(t))\eta]R(t) \end{aligned} \tag{6-10}$$

根据 Dockner 的微分对策解法，通过观察公式（6-9）和公式（6-10）可以知道，关于 $R(t)$ 的线性常系数最优值函数是 HJB 方程的解。因此可以令：

$$A_s(R(t)) = k_s R(t) + b_s, \quad A_r(R(t)) = k_r R(t) + b_r \tag{6-11}$$

其中，$A_s'(R(t)) = k_s$，$A_r'(R(t)) = k_r$ (6-12)

把公式（6-11）和（6-12）代入公式（6-9）和（6-10），可以得到：

$$\tau(k_s R(t)+b_s)=[\lambda\gamma+k_s\alpha][\lambda\gamma+k_s\alpha]/m-[\lambda\gamma+k_s\alpha]^2/2m + [\lambda\gamma+k_s\beta][(1-\lambda)\gamma+k_r\beta]/n+(\lambda\varphi+k_s\eta)R(t) \tag{6-13}$$

$$\tau(k_r R(t)+b_r)=[(1-\lambda)\gamma+k_r\alpha][\lambda\gamma+k_s\alpha]/m-[(1-\lambda)\gamma+k_r\beta]^2/2n + [(1-\lambda)\gamma+k_r\beta][(1-\lambda)\gamma+k_r\beta]/n+[(1-\lambda)\varphi+k_r\eta]R(t) \tag{6-14}$$

当$\tau \neq \eta$时，通过比较公式（6-13）和（6-14）两边的系数，可以得到：

$$k_s=\lambda\varphi/(\tau-\eta),\quad b_s=\frac{\lambda^2[(\tau-\eta)\gamma+\varphi\alpha]^2}{2m\tau(\tau-\eta)^2}+\frac{\lambda(1-\lambda)[(\tau-\eta)\gamma+\varphi\beta]^2}{\tau n(\tau-\eta)^2}$$

$$k_r=(1-\lambda)\varphi/(\tau-\eta),\quad b_r=\frac{(1-\lambda)^2[(\tau-\eta)\gamma+\varphi\beta]^2}{2n\tau(\tau-\eta)^2}+\frac{(1-\lambda)\lambda[\gamma(\tau-\eta)+\varphi\alpha]^2}{m\tau(\tau-\eta)^2} \tag{6-15}$$

把公式（6-15）代入公式（6-11），可以得到供应商和零售商在纳什均衡条件下的线性常系数最优值函数：

$$A_s(R(t))=\frac{\lambda\varphi}{(\tau-\eta)}R(t)+\frac{\lambda^2[(\tau-\eta)\gamma+\varphi\alpha]^2}{2m\tau(\tau-\eta)^2}+\frac{\lambda(1-\lambda)[(\tau-\eta)\gamma+\varphi\beta]^2}{\tau n(\tau-\eta)^2}$$

$$A_r(R(t))=\frac{(1-\lambda)\varphi}{(\tau-\eta)}R(t)+\frac{(1-\lambda)^2[(\tau-\eta)\gamma+\varphi\beta]^2}{2n\tau(\tau-\eta)^2}+\frac{(1-\lambda)\lambda[\gamma(\tau-\eta)+\varphi\alpha]^2}{m\tau(\tau-\eta)^2} \tag{6-16}$$

把公式（6-12）和（6-15）代入公式（6-7）和（6-8），可以得到$\tau \neq \eta$时，供应商和零售商的专有资产投资的纳什均衡为：

$$V_s(t)^*=\frac{\lambda\gamma}{m}+\frac{\lambda\varphi\alpha}{(\tau-\eta)m}$$

$$V_r(t)^*=\frac{(1-\lambda)\gamma}{n}+\frac{(1-\lambda)\varphi\beta}{(\tau-\eta)n} \tag{6-17}$$

所以命题（1）得证。

命题 2：在常系数条件下，当$\tau=\eta$时，供应商专有资产投资的纳什均衡为：$V_s(t)^*=\lambda\gamma/m$，零售商专有资产投资的纳什均衡为：$V_r(t)^*=(1-\lambda)\gamma/n$

当$\tau=\eta$时，重新比较公式（6-13）与公式（6-14）两边的系数，可以得到：

$$k_s=0,\ b_s=\frac{\lambda^2\gamma^2}{2m\tau}+\frac{\lambda(1-\lambda)\gamma^2}{\tau n}$$

$$k_r=0,\ b_r=\frac{(1-\lambda)^2\gamma^2}{2n\tau}+\frac{(1-\lambda)\lambda\gamma^2}{m\tau} \tag{6-18}$$

再把公式（6-18）和（6-12）代入公式（6-7）和（6-8），可以得到$\tau=\eta$时专有资产投资的纳什均衡：

$$V_s(t)^*=\lambda\gamma/m,\ V_r(t)^*=(1-\lambda)\gamma/n \tag{6-19}$$

所以命题（2）得证。

6.4 模型分析

根据命题1知道：在$\tau\neq\eta$时，供应商与零售商专有资产投资的纳什均衡取决于他们的利润划分比例λ，成本影响系数m、n以及各自专有资产投资的影响系数α、β。下面我们考察这些因素的不确定性程度如何影响纳什均衡。命题3~命题6都是在$\tau\neq\eta$的条件下得到的，命题7是在$\tau=\eta$时得到的。

命题3：当$(\tau>\eta)\cup(\tau<\eta-\varphi\alpha(\alpha+2\beta)/\gamma\beta)$时，供应商专有资产投资的纳什均衡，会随着供应商的利润投资影响系数α增加而变大；当$(\eta-\varphi\alpha(\alpha+2\beta)/\gamma\beta<\tau<\eta)$，供应商专有资产投资的纳什均衡，会随自身的利润投资影响系数α增加而减小。

证明：由公式（6-19）可知：

$$\frac{\partial V_s(t)^*}{\partial\alpha}=\left[\frac{\gamma}{m}+\frac{\varphi\alpha}{(\tau-\eta)m}\right]\frac{\partial\lambda}{\partial\alpha}+\frac{\lambda\varphi}{(\tau-\eta)m}$$

$$=\frac{(\tau-\eta)\gamma\beta+\varphi\alpha(\alpha+2\beta)}{(\tau-\eta)m(\alpha+\beta)^2} \tag{6-20}$$

当贴现率τ满足：$(\tau>\eta)\cup(\tau<\eta-\varphi\alpha(\alpha+2\beta)/\gamma\beta)$时，$\partial V_s(t)^*/\partial\alpha>0$，供应商专有资产投资的纳什均衡与投资影响系数成正比，也就是说供应商专有资产投资的纳什均衡的值，随供应商的利润投资影响系数α增加而变大；当$(\eta-\varphi\alpha(\alpha+2\beta)/\gamma\beta<\tau<\eta)$时，$\partial V_s(t)^*/\partial\alpha<0$，供应商专有资产投资的纳什均衡的值与投资影响系数成反比，命题3得证。

命题3隐含了这样的经济管理意义：对于$(\tau>\eta)\cup(\tau<\eta-\varphi\alpha(\alpha+2\beta)/\gamma\beta)$，表明市场经济状况比较明朗（也就是市场明显地表现为好或者

坏）。其中（$\tau > \eta$），表现为贴现率较高，有可能是由于市场经济过热引起国家的宏观调控，此时国家希望控制贷款减少消费，因此提高贴现率，希望消费者多存款。供应商在这种情形下，借贷压力比较大，加上部分消费者减少消费，把多余的闲钱存入银行，导致供应链的外部环境变得恶劣，风险增大。此时供应商愿意随投资系数 α 的增加，来增大专有资产投资力度，很可能是供应商希望通过增加专有资产投资的方式，来向合作者零售商表明自己希望改善供应链的伙伴关系，以便增强供应链整体应对外部风险的能力。

对于（$\tau < \eta - \varphi\alpha(\alpha + 2\beta)/\gamma\beta$）时，可以理解为市场经济状况比较好，国家鼓励消费。由于此时贴现率较低，供应商的投资欲望比较强，加上消费者消费欲望较为强烈，所以此时供应链的外部环境变好。此时供应商愿意随投资系数 α 的增加，来增加专有资产的投资，表明供应商希望通过增加专有资产的投资来把市场做得更大，以便获得更多的收益。

对于（$\eta - \varphi\alpha(\alpha + 2\beta)/\gamma\beta < \tau < \eta$）时，市场环境不是很明朗，供应商此刻不愿随投资影响系数的变大，主动增加专有资产的投资。因为在市场环境不明确的情形下，主动的投资对供应链来说风险过大。

总的来说命题 3 反映了这样一个现象：在经济形式明朗（包括好、坏）时，供应商都愿意随投资系数 α 的增加，来增大专有资产投资。而在经济形式不明朗时，供应商的专有资产投资变得更小心。

命题 4：在 $\tau \neq \eta$ 时，只要伙伴关系得到改善，供应商都愿意增加专有资产的投资。

证明：由式（6-17）中 $V_s(t)^*$ 对 η 求偏导，可知：

$$\frac{\partial V_s(t)^*}{\partial \eta} = \frac{-(-1)\lambda\varphi\alpha}{m(\tau - \eta)^2} = \frac{\lambda\varphi\alpha}{m(\tau - \eta)^2} > 0 \tag{6-21}$$

由公式（6-21）可以看出，只要供应链伙伴关系的影响系数变大，供应商的专有资产投资就会增加。命题 4 对于供应链管理很有借鉴意义：要想把供应链做得有竞争力，就应该改善供应链的伙伴关系，增加专有资产的投资。

命题 5：如果（$\tau > \eta$）∪（$\tau < \eta - \varphi\beta(\beta + 2\alpha)/\gamma\alpha$）时，零售商专有资产投资的纳什均衡会随零售商的利润投资影响系数 β 的增加而变大；当（$\eta - \varphi\beta(\beta + 2\alpha)/\gamma\alpha < \tau < \eta$），零售商的专有资产投资的纳什均衡，会随自身的利润投资影响系数 β 增加而减小。

命题 5 的证明与解释和命题 3 类似，故省略。

命题 6：在 $\tau \neq \eta$ 时，只要伙伴关系得到改善，零售商都愿意增加专有资产的投资。

证明：由式（6-17）$V_r(t)^*$ 对 η 求偏导，可知：

$$\frac{\partial V_r(t)^*}{\partial \eta}=\frac{-(-1)(1-\lambda)\varphi\beta}{n(\tau-\eta)^2}=\frac{(1-\lambda)\varphi\beta}{n(\tau-\eta)^2}>0 \qquad (6-22)$$

命题 6 的证明与解释和命题 4 类似，故略。

命题 3~命题 6，给出了在其他条件不变时，利润投资影响系数与伙伴关系影响系数发生变化时，供应商与零售商专有资产投资的纳什均衡变化规律。从这几个命题中不难看出，供应链的专有资产投资不仅受到自身专有资产投资的影响，也受到国家宏观政策 τ 和伙伴关系的变化率 η 的影响，而且为了加强供应链的竞争力，供应商和零售商都愿意在伙伴关系得到改善的情况下，增加专有资产的投资。

命题 7：如果 $\tau=\eta$，供应商和零售商的专有资产投资均衡始终与自身的专有资产的成本影响系数成正比。

证明：由式（6-19）可知：

$$\frac{\partial V_s(t)^*}{\partial m}=\frac{\gamma\alpha}{\alpha+\beta}>0,\ \frac{\partial V_r(t)^*}{\partial n}=\frac{\gamma\beta}{\alpha+\beta}>0 \qquad (6-23)$$

命题 7 得证。命题 7 说明了贴现率和伙伴关系的变化率相等时，供应商和零售商的专有资产投资策略仅取决于各自专有资产的投资成本影响系数，投资成本影响系数越大，双方越愿意加强专有资产的投资。

6.5 伙伴关系与契约执行力的关系研究

在本章的前四节，我们研究了供应链伙伴关系与资产专有投资之间的联系，并利用微分对策论建立了供应链伙伴关系与利润分配之间的动态方程。研究表明：供应链伙伴关系的好坏，会直接影响到供应商和零售商之间专有资产的投资。但是，我们并没有分析伙伴关系对契约执行力的影响，而契约能否顺利执行，对于减小由不确定性引起的道德风险具有重要意义。本节我们将利用博弈论的方法，研究伙伴关系对契约执行力的影响。

首先，我们构造一个 2 × 2 双矩阵博弈。

假设存在两个理性局中人，A 代表供应商，B 代表零售商；供应商的有限策略集合为（与零售商伙伴关系良好，与零售商伙伴关系差）；零售商的有限策略集合为（契约执行力好，契约执行力差）。假设他们之间根据契约之间的约定，A 分得利润的 λ，B 分得其余的（$1-\lambda$）。根据他们的策略组合共有四种情况：①如果供应商选择与零售商的伙伴关系良好，零售商选择契约执行力好，那么供应商获得收益 $\lambda\pi$，零售商获得收益 $(1-\lambda)\pi$，其中 π 是供应商与零售商可获得的最大利润；②如果供应商选择与零售商建立良好伙伴关系，零售商选择契约执行力差，那么供应商获得收益 $\lambda(\pi-C)$，而零售商获得收益 $(1-\lambda)(\pi-C)$，这个 C 是事后的交易成本，由于零售商契约执行力差，所以存在一个执行契约的事后交易成本 $C>0$；③如果供应商与零售商的伙伴关系差，而零售商的契约执行力好，那么供应商获得收益 $\lambda(\pi-M)$，而零售商获得收益 $(1-\lambda)(\pi-M)$，这个 M 是事前的交易成本，由于供应商与零售商的伙伴关系差，所以他们在制定契约时存在一个较高的讨价还价成本 $M>0$；④如果供应商与零售商的伙伴关系差，而零售商的契约执行力也差，那么他们双方都没有收益，这可能是由于供应商与零售商的事前、事后交易成本太高导致双方没法达成协议。根据上面的分析，可以得到他们的收益矩阵，如表 6-1 所示：

表 6-1　　供应商与零售商的收益矩阵

A \ B	零售商契约执行力好	零售商契约执行力差
与零售商伙伴关系良好	$(\lambda\pi, (1-\lambda)\pi)$	$(\lambda(\pi-C), (1-\lambda)(\pi-C))$
与零售商伙伴关系差	$(\lambda(\pi-M), (1-\lambda)(\pi-M))$	(0, 0)

从表 6-1 中，我们发现存在一个占优策略，即供应商选择与零售商建立良好伙伴关系，而零售商选择按照约定顺利执行契约。该策略是该博弈的纳什均衡。该均衡表明良好的伙伴关系有助于提高契约的执行力，从而减少了道德风险发生的可能。这也符合我们的经济直觉，因为在日常生活中，良好的伙伴关系有助于契约人之间的沟通和协调，从而降低了双方的事前和事后交易成本，使得契约得以顺利执行。

6.6 本章小结

本章首先运用交易成本经济学中资产专有性的观点，研究了供应链伙伴关系的建设与专有资产投资之间的联系，并利用微分对策论建立了供应链伙伴关系和利润分配之间的动态方程。经研究表明供应链的专有资产投资不仅受到国家宏观政策的影响，也受到供应商和零售商专有资产投资策略的影响。在贴现率和伙伴关系变化率相等的特殊情况下，供应链的伙伴关系仅仅与自身专有资产的成本影响系数有关。而在贴现率与伙伴关系变化率不相等的情况下，如果经济形式明朗，供应商、零售商都愿意随各自投资系数的增加，来增大专有资产投资。而在经济形式不太明朗的情况下，他们的专有资产投资变得更小心。我们的研究还表明在供应商与零售商的伙伴关系得到改善的情况下，双方都愿意增加专有资产的投资，来提升供应链的核心竞争力。在本章的最后，我们利用 2×2 双矩阵博弈，讨论了供应链伙伴关系与契约执行力之间的关系。研究表明：当供应商与零售商建立良好的伙伴关系时，零售商愿意按照事先的约定顺利执行契约，该策略是 2×2 双矩阵博弈的一个占优均衡。这暗示建立良好的伙伴关系对于增强供应链绩效，抵抗外部风险有重要作用。总的来说，本章的研究对于如何加强供应链中的伙伴关系建设，抵御外部风险提供了很好的方法。

第七章　结束语

7.1　全书总结与创新点

不确定性对于供应链管理来说，就像一把双刃剑：一方面，它孕育着无限的商机；另一方面，它又潜藏着无数的危机与风险。在不确定性条件下，如何通过有效的管理机制，以提高供应链整体绩效以及抗击风险的能力，是近年来学术研究的热点。其中契约协调机制、应急管理以及伙伴关系研究由于其理论价值高、实践意义强，而备受瞩目。对于契约协调机制的研究起步较早，目前已发展到相当的高度，并取得了丰富的研究成果；而应急管理则因起步较晚，研究相对滞后，但随着近年来应急事件的不断爆发，给国家和社会造成重大损失，应急管理的研究已迫在眉睫，并逐渐成为供应链管理中的新焦点；而对于供应链伙伴关系的研究，目前大多还是基于实证方面的研究，但随着风险管理的兴起，更深入的理论研究正逐渐受到新的关注。本书在对供应链中不确定性现象做出重新分类的基础上，对供应链契约协调机制、应急管理以及伙伴关系的建设现状分别进行了文献综述，研究了常规不确定性条件下，如何通过合适的契约机制来协调供应链，以提高供应链的整体绩效；并在异常不确定性下，就应急事件的发生机理，及应急预案展开研究，拟挖掘其潜在的本质和规律，以此增强对应急事件的防范和管理，减小其可能给供应链带来的损失。然而，不论是契约机制还是应急管理，从某种意义上讲，都是力图通过某种外部手段（或外部约束）来减小不确定性给供应链带来的风险。为此，笔者进一步从供应链内部建设着手分析，研究表明通过加强供应链企业间伙伴关系建设，以提高供应链企业的自我约束，进一步减小不确定性风险。

供应链契约方面的研究虽已取得不少的成果，但仍有一些值得关注的问题。首先，现有文献中很少涉及供应商和零售商的批发价议定问题，而批发价决定着供应商和零售商利润划分的基调，且议价空间对契约中双方的策略选择有直接影响。其次，目前的契约研究大都是针对单产品的报童模型展开的，而现实中还存在着大量的多产品供应链，如手机市场上常有一个零售商销售多种手机的模式。学界对这类多产品供应链的销售策略研究显得相对缺乏。针对这两点不足，本书展开了专门的讨论。

对于应急管理，目前的研究主要集中在供应链应急事件的事后管理上。很少有学者关注供应链应急事件的发生机理。而机理分析非常重要，它是很多后续工作的基础。通过机理分析，有助于找出应急事件爆发所遵循的内在规律和逻辑，发现孕育事件的源头，从本质上提高对应急事件的认识，从而增强防范。此外，预案管理作为一种有效的事前防范措施，可加强事态监控，并随事态发展对应急事件作出动态管理。它对于有效应对灾情变化、减少损失意义重大。基于此，本书针对供应链应急事件机理分析与预案管理，进行了相关研究。

此外，在关于如何利用伙伴关系来减小供应链风险方面，大多数文献还是一些实证研究，很少有文献从资产专有性的角度来研究供应链伙伴关系的建设问题。而在供应链这种资源互补性很强的组织结构中，资产专有性投资可减少链上成员在投资上的重复和浪费，从而提高其资金和运作效率，这将有利于强化其核心竞争力并实现双赢。随着专有资产的投入，将能有效加强供应链伙伴关系的建设。而良好的伙伴关系对于提升链上成员对契约和规章的执行力、减少道德风险和逆向选择的发生、增强供应链抵御不确定性风险的能力具有重要意义。

鉴于此，首先，本书在常规不确定性下，以单产品的报童模型为基础，构建了基于双向拍卖议价机制的供应链回购模型；并以手机市场为研究对象，研究了多产品供应链中最优成本的估算及多产品供应链的契约协调问题。然后，在异常不确定性下就相关的应急管理加以研究，运用非线性动力学中研究流体同步的方法，对供应链应急事件的发生机理进行了建模与讨论；并运用时间分配理论和新消费者行为理论构建了具有动态升级管理能力的供应链应急预案。最后，从提高自我约束的角度，讨论了资产专有性投资对增强供应链伙伴关系建设的意义。利用微分对策论研究了二者之间的关系，并进一步运用博弈论的方法，研究了供应链伙伴关系对契约执行力的影响。具体来讲，研究内容共分为如下五个部分：

（1）对现有的单产品报童模型加以拓展，考虑供应商与零售商之间议价能力对利润划分的影响，引入双向拍卖机制来刻画这个议价过程，并利用回购契约来协调供应链。假设由单一供应商和零售商组成一个简单的二级供应链。他们共同面对随机的市场需求，供应商向零售商提供单一的易逝性商品。由于双方在信息不对称条件下，对市场了解存在着偏差，致使在产品批发价的定位上存在着差异。为了使双方在批发价上达成一致，引入双向拍卖机制来刻画双方批发价的议定过程。在销售季节到来之前，双方首先需要通过双向拍卖的议价方式来确定新销售季节的批发价格；在此基础上进一步确定供应链的最优订货量与回购系数，以使供应链协调。研究表明：在供应商和零售商采用双向拍卖机制来协商批发价时，利用回购契约可以协调供应链。在供应商与零售商采用线性出价策略时，达成协议的批发价与回购参数随供应商议价能力的增大而同步变化，且双方的交易效率随议价能力的增大而变小。双向拍卖议价机制的引入，使模型在双方利润分配上具有更强的协调能力，比较以往的模型，更加公平合理。

（2）针对手机市场上的多产品销售现象，展开相关研究，以两款同一品牌的手机为例，构建多产品供应链模型，求解了新品的最优成本定价以及该供应链的协调问题。假设市场上存在一条销售某品牌手机的简单供应链，它由单一的、风险中性的、理性的供应商和零售商组成。零售商正在市场上热销一款处于产品成熟期的低端手机。由于该款手机处于产品成熟期，所以市场价格与用户需求趋于稳定。但是由于该款手机是该供应链的主要利润来源，所以供应商希望维系甚至提升用户的需求。因此供应商采用间接广告的方式：通过推出一款与该手机同属一个品牌的高端手机来提升品牌效应以刺激低端市场，促进消费。研究表明：在推出新品手机前，供应商可根据以往的历史数据以及自身对未来市场的预测，运用成本定价法估算出新手机的最优成本。并在最优成本的基础上，进一步构建了非对称信息下多产品的批发价与订货量的斯坦伯格博弈模型研究多产品供应链的协调问题。模型研究表明：在没有协调机制的时候，供应链在分散决策下，高、低端产品的定购量低于或者等于集中决策下相应产品的定购量。而当采用线性价格折扣共享契约后，可以使供应链的分散决策定购量与集中决策的定购量一样。此时，供应链能够达到协调，且利润可以在零售商与供应商之间任意地进行划分。该研究较好地解释了手机市场上不同规模的厂商，为什么会采取不同的广告促销策略这一经济现象；并通过最优成本控制及模型协调，为多产品供应链争取利润最大化给出了很好的指导方向。

（3）通过建模探究供应链应急事件的发生机理，给出应急事件发生的区间以及应急持续时间的求解方法。考虑由一个供应商和一个零售商组成的供应链系统。假设他们有长期合作的愿望并以年为单位签订销售契约；供应商的送货提前期非常短，且生产能力有限；其日产量在一定范围内可根据零售商的销售情况进行调整。运用流体同步的原理，建立了零售商和供应商保持运作同步的模型。模型研究表明：供应链具有一定的自我调节能力，在一定的范围内能够保持供应商和零售商的运作同步，但是当双方的运作速度超过一定的范围，就可能引发供应链应急事件。文中给出了供应链保持运作协调以及发生应急事件的运作区间。同时，进一步研究表明，在供应链发生应急事件后，如果供应商能对供应链的运作情况实时跟踪，则可利用锁相技术估算出应急事件的持续时间。该研究为加强应急事件的防范与预测，以及进一步开展后续的供应链应急研究奠定了很好的理论基础。

（4）供应链应急预案管理是指：通过对信息的分析，预测供应链的发展趋势，识别链中可能存在的威胁，并对这些情况制定出相应的预备处置方案。通过预案管理能够及时出动、动态调整、消除隐患，从而把供应链应急损失降到最低。在预案管理中，需要运用应急事件造成的损失值来决定预案的启动时机，但因供应链成员间的组织结构较为特殊，目前尚缺乏一个行之有效的评估供应链应急损失的方法。针对这个问题，我们提出了一种新的评估供应链应急损失的方法。通过把供应链看作一个整体，从它的利润源头——消费者入手，引入新消费者函数和时间分配机制，建立了计算消费者应急损失的模型。通过该模型可以间接地计算出整个供应链遭受的损失，并作为预案启动的基准信号。模型研究表明：随着应急事件强度的增加，消费者花费在应急物品上的时间以及损失都在增加。而且在供应链的应急损失超过某一阀值时，应该启动相应一级的应急预案。该研究较好地把应急事件的强度、种类考虑在应急预案中，且该预案可随应急事件损失变化而进行动态调整，对实现应急事件的动态管理提供了很好的思路。

（5）从资产专有性的角度对供应链的伙伴关系建设进行了相关研究，并讨论了伙伴关系与契约执行力之间的关系。假设供应商和零售商都是风险中性的经济人；供应链的伙伴关系是一个随时间演进而不断累积的过程；供应链企业之间的信任、合作与机会主义可以长期共存；且资产专有性投资是维持供应链伙伴关系的基石。利用资产专有性理论与纵向一体化的分析方法，构建了供应链伙伴关系和资产专有性投资的动态模型。模型研究表明：供应链的专有资产投资不仅受到国家宏观政治经济政策的影响，也受到供应商和零售商专有资产投资策略的影响，在贴现值与供应链伙伴关系影响系数不一样时，只要伙伴关系得到改善，供应商和零售商往往都愿意增加资产专有性方面的投资，以实现共赢。而共赢局面又将进一步促进伙伴关系的建设。而对伙伴关系与契约执行力的博弈研究表明：策略组合（供应商选择与零售商建立良好的伙伴关系，零售商选择按照约定执行契约）是该博弈的一个占优策略，同时也是该博弈的纳什均衡。这个均衡表明良好的伙伴关系有助于提高契约的执行力，从而减少道德风险发生的可能。研究结论展示了资产专有性投资与伙伴关系建设间的相互促动关系，并进一步解释了供应链伙伴关系如何来降低风险。

概括起来，本书的主要创新点如下：

（1）现有供应链契约大都没有讨论供应商与零售商的批发价议定问题，本书尝试运用双向拍卖机制来刻画这个议价过程，并构建了基于双向拍卖机制的供应链回购契约。重点分析了线性拍卖机制下，供应商与零售商的贝叶斯均衡出价策略，以及在该策略下如何用改进的回购契约来协调供应链。研究内容相对于以往的报童模型，增加了一次批发价的议定机会，使研究更具现实指导意义；由于议价空间的存在，在一定程度上抑制了漫天要价的现象，对进一步研究供应链的协调问题具有重要意义。

（2）现有供应链契约文献很少考虑多产品协调问题。本书针对手机市场中出现的间接广告现象，研究了多产品销售条件下，供应链新产品成本估算以及协调问题。利用成本定价法，给出了供应商的最优成本定价，并在此基础上利用线性价格折扣共享契约协调多产品供应链。研究结论在一定程度上解释了不同品牌的厂商为什么会采用不同的营销策略这一经济现象，并为多产品供应链争取利润最大化给出了很好的指导方向。

（3）现有的供应链应急研究，主要是针对应急事件的事后研究，很少有对供应链应急机理的研究。本书利用非线性动力学中研究流体同步的方法来探讨供应链的应急机理，并构建了供应商和零售商保持运作协调的动态模型，给出了供应链保持协调或发生应急的区间。最后，利用锁相的技术给出了应急事件的持续时间计算方法。该研究是对应急事件本质的探源，从而有助于加深其内在规律的认识。而这种认识能够帮助我们从根本上去理解应急事件，进而更有效地预测及防范应急事件的发生，并能为后续的应急管理研究工作提供重要的理论支撑。

（4）在现有的文献中，关于供应链在应急事件中遭受损失的定量研究还很匮乏。这主要是源于供应链的特殊结构及应急期间个体异常的消费行为。在应急状况下，想简单地照搬个体企业评估损失的方法来计算供应链的损失很难行得通。基于此，本书采用一种新的思路，通过引入新消费者函数和时间分配原理来刻画消费者在应急事件中遭受的损失值，进而间接地刻画出供应链所遭受的损失值。并在此基础上，构建了具有动态管理特征的供应链应急预案。预案中，通过将供应链当前损失值与预案中的阀值相比，来决定当前状况下应启动哪级预案；并可随事态的变化，进行预案跃升，实现对应急事件的动态管理。该研究克服了目前应急预案大多缺乏动态性的缺点，这对于有效应对灾情变化，减小供应链损失意义重大。同时，研究中把应急事件的强度、种类考虑在了应急预案中，这为加强供应链应急预案研究提供了新思路，具有较强的学术指导意义。

7.2 研究展望

首先，本研究提出的基于不确定性的供应链契约机制还比较简单。这主要是源于我们所研究的供应链结构是基于简单的报童模型。而在现实中，供应链的结构多种多样，既有简单的一对一结构（一个供应商对一个零售商），也有一对多结构（一个供应商对多个零售商），还有多对一结构（多个零售商对一个供应商），甚至可能是多对多结构（多个零售商对多个供应商）。同时，本书没有将风险偏好问题纳入研究范畴，而供应链成员的风险偏好可能是多种多样的。如果把供应链结构和成员间的风险偏好结合起来，则会出现很多与现在研究不同的变形，这将有待于进一步展开研究。此外，随着金融风暴的侵蚀，很多企业举步维艰，他们的融资条件变得更恶劣，加之消费者也变得更有策略，他们会尽可能在商品减价时进行购买。因此，在供应链契约中，融入资金的限制条件以及消费者的策略行为，也是未来值得考虑的方向。但是随着这些因素的融入，可能会导致供应链的契约模型比较复杂，一般很难获得解析解，因此，仿真和数值解法将是这方面扩展的关键。

其次，在供应链应急部分的研究更是大有潜力可挖。由于异常不确定性是引发供应链应急事件的重要原因，而对异常不确定性的刻画，还需要适当的工具，例如在未来加入更多统计学的知识可能是一个不错的选择。此外，供应链应急事件具有动态性，且消费者在应急期间的行为也会随事态的发展动态变化，会与平时有很大的差别，而现在的研究基本是基于静态的。因此要想在现有研究的基础上有所创新，可能需要引入更多新的方法和思路。例如把更多行为经济学、非线性动力系统中的一些概念和知识融入供应链的应急体系，就很值得一试。除了上面讨论的内容，在供应链的应急处理中还涉及对风险的评估和应急决策等问题。认清风险在供应链中的传导机制，以及定义较为完善的风险评估机制都是很好的方向。当然在供应链应急中的动态决策问题也还需进一步挖掘。

最后，本研究在如何从内部减小供应链风险方面的研究还很粗略。从直觉上来说，供应链伙伴关系与减小不确定性造成的风险是直接相关的。而这种相关性与具体的组织结构和伙伴关系的建立方式有着较强的联系。因此，如何把组织结构、供应链组建方式融入伙伴关系的描述，然后再加上对供应链风险的处理，可能使我们的研究更接近实际生活。这一部分的研究可能需要借助于更多的实证。

总的来讲，在不确定性下，对供应链契约、应急管理以及伙伴关系的研究具有十分重要的理论和现实意义，特别是应急管理的研究及供应链风险研究将逐渐成为今后供应链管理研究的前沿和重点。

参考文献

[1] L. M. Ellram. Supply chain management: the industrial organization perspective [J]. International Journal of Physical Distribution and Logistics Management, 1991, 21 (1): 13-22.

[2] M. E. Porter, S. Stern. Innovation: Iocation matters [J]. MIT Sloan Management Review, 2001, 42 (4): 28-36.

[3] R. D' Aveni. Hyper competition: managing the dynamics of strategic maneuvering [M]. New York: The Free Press, 1994.

[4] D. B. Merrifield. Changing nature of competitive advantage [J]. Research Technology Management, 2000, 41 (1): 41-45.

[5] [美] 迈克尔. 波特. 竞争优势 [M]. 陈小悦, 译. 北京: 华夏出版社, 2005.

[6] G. C. Stevens. Integrating the supply chain [J]. International Journal of Physical Distribution & Materials Management, 1989, 19 (8): 3-8.

[7] H. L. Lee, C. Billington. Material management in decentralized supply chain [J]. Operations Research, 1993, 41 (5): 835-847.

[8] R. R. Lummus, R. J. Volkurka. Defining supply chain management: a historical perspective and practical guidelines [J]. Industrial Management & Data Systems, 1999, (1): 11-17.

[9] 马士华, 林勇, 陈志祥. 供应链管理 [M]. 北京: 机械工业出版社, 2000, 41-203.

[10] 刘丽文. 供应链管理思想及其理论和方法的发展过程 [J]. 管理科学学报, 2003, 6 (2): 81-88.

[11] 迟晓英, 宣国良. 价值链研究发展综述 [J]. 外国经济与管理, 2000, 22 (1): 25-30.

[12] 范林根. 基于契约合作的供应链协调机制 [M]. 上海: 上海财经大学出

版社，2007，5-6.
[13] D. J. Thomas, P. M. Griffin. Coordinated supply chain management [J]. European Journal of Operational Research, 1996, 94: 1-15.
[14] M. C. Cooper, D. M. Lambert, J. D. Pagh. Supply chain management: more than a new name for logistics [J]. The International Journal of Logistics Management, 1997, 8 (1): 1-13.
[15] R. M. Monczka, J. Morgan. What' s wrong with supply chain management? [J] Purchasing, 1997, 122 (1): 69-73.
[16] Supply chain inventory management and value of shared information [D]. fuqua school of business, Duke University, 1998.
[17] J. T. Mentzer, W. Dewit, J. M. Keebler, et al.. Defining supply chain management [J]. Journal of Business Logistics, 2001, 22 (2): 1-25.
[18] D. F. Pyke, M. E. Johnson. Supply chain management: integration and globalization in the age of e - business [R]. Tuck school of Business at Dartmouth, Working Paper, No. 02-09, 2001.
[19] R. Stephen, C. poirier. Supply chain optimization [M]. Berrett-Koehler Publishers, 1996.
[20] L. E. Simchi, L. D. Smith, P. Kaminsky. Designing and managing the supply chain: concepts, strategies and case studies [M]. McGraw-Hill Higher Education, USA, 2000.
[21] Supply-Chain Council. SCOR Model [EB/OL]. http: //www. supply-chain. org/SCOR Overview, 2005-05-23.
[22] K. Kopel, J. Hass. Stabilizing chaos in a dynamic macroeconomic model [J]. Journal of Economic Behavior and Organization, 1997, (33): 311-332.
[23] H. N. Agiza, A. S. Hegazi, A. A. Elsadany. The dynamics of bowley' s model with bounded rationality [J]. Chaos, Solitons and Fractals, 2001, 12: 1705 - 1717.
[24] H. N. Agiza, A. S. Hegazi, A. A. Elsadany. Complex dynamics and synchronization of a duopoly game with bounded rationality [J]. Mathematics and Computers in Simulation, 2002, 58: 133 - 146.
[25] 闫安，达庆利. 耐用品动态古诺模型的建立及分析 [J]. 系统工程学报，2006，21 (2): 159-161.
[26] 姚洪兴，徐峰. 双寡头有限理性广告竞争博弈模型的复杂性分析 [J]. 系

统工程理论与实践，2005，12：32-37.
[27] X. Yao，X. W. Tang. Complex dynamics of duopoly game in demand increasing and capacity constraints environment [C]. Proceedings of The 4TH International conference on Innovation & Management，2007，976-982.
[28] 路应金，唐小我，张勇. 供应链中牛鞭效应的分形特征研究 [J]. 系统工程学报，2006，21 (5)：463-469.
[29] 贾江鸣. 面向不确定性的供应链性能优化技术研究 [D]. 杭州：浙江大学，2008
[30] J. Forrester. Industrial dynamic，a major breakthrough for decision makers [J]. Harvard Business Review，1958，July-August：67-96.
[31] J. D. Sterman. Modeling managemerial behavior：misconceptions of feedback in a dynamic decision-making experiment [J]. Management Science，1989，35 (3)：321-339.
[32] H. L. Lee，V. Padmanabhan，S. Whang. The bullwhip effects in a supply chain [J]. Sloan Management Review，1997，38 (3)：93-102.
[33] H. L. Lee，V. Padmanabhan，S. Whang. Information distortion in a supply chain：the bullwhip effect [J]. Management Science，1997，43 (4)：546-558.
[34] M. Lariviere，E. Porteus. Selling to the newsvendor：an analysis of price-only contracts [J]. Manufacturing and Service Operations Management，2001，3 (4)：293-305.
[35] T. Bresnahan，P. Reiss. Dealer and manufacturer margins [J]. Rand Journal of Economics，1985，16 (2)：253-268.
[36] T. Boyaci，G. Gallego. Coordinating pricing and inventory replenishment policies for one wholesaler and one or more geographically dispersed retailers [J]. International Journal of Production Economics，2002，77 (2)：95-111.
[37] L. Dong，N. Rudi. Supply chain interaction under transshipments [R]. Washington University Working Paper，2001.
[38] 唐宏祥，何建敏，刘春林. 多零售商竞争环境下的供应链协作机制研究 [J]. 东南大学学报，2004，34 (4)：529-534
[39] 刘春林. 多零售商供应链系统的契约协调问题研究 [J]. 管理科学学报，2007，10 (2)：1-6.
[40] 赵正佳，谢巧华. 供应链批发价与价格补贴的联合契约 [J]. 管理工程学报，2008，22 (4)：163-166.

[41] B. Pasternack. Optimal pricing and return policies for perishable commodities [J]. Marketing Science, 1985, 4: 166-176.

[42] V. Padmanabhan, I. P. L. Png. Returns policies: make money by making good [J]. Sloan Management Review, 1995, 37 (1): 65-72.

[43] M. Kodama. Probabilistic single period inventory model with partial returns and additional orders [J]. Computer and Industry Engineering, 1995, 29 (4): 455-459.

[44] H. Emmons, S. M. Gilbert. Note: the role of returns policies in pricing and inventory decisions for catalogue goods [J]. Management Science, 1998, 44 (2): 276-283.

[45] G. Tagaras, M. A. Cohen. Pooling in two-location inventory systems with non-negligible replenishment lead times [J]. Management Science, 1992, 38 (8): 1121-1139.

[46] R. Anupindi, Y. Bassok, E. Zemel. A general framework for the study of decentralized distribution systems [J]. Manufacturing and Service Operations Management, 2001, 3 (4): 349-368.

[47] Donohue, K. Efficient. Supply contracts for fashion goods with forecast updating and two production modes [J]. Management Science, 2000, 46 (11): 1397-1411.

[48] D. Ding, J. Chen. Research on return polices in a three level supply chain [C]. International Conference on Global Supply Chain Management of 2002, Beijing, 189-193.

[49] 贯涛，徐渝，陈金亮. 回购策略：存货促销与供应链协调 [J]. 预测，2006，21 (6)：591-597.

[50] 于辉，陈剑，于刚. 回购契约下供应链对突发事件的协调应对 [J]. 系统工程理论与实践，2005，8：38-43.

[51] 徐最，朱道立，朱文贵. 销售努力水平影响需求情况下的供应链回购契约 [J]. 系统工程理论与实践，2008，4：1-11.

[52] X. M. Su, F. Q. Zhang. Strategic customer behavior, commitment, and supply chain performance [J]. Management Science, 2008, 54 (10): 1759-1773.

[53] B. A. Pasternack. Using revenue sharing to achieve channel coordination for a newsboy type inventory model [R]. CSU Fullerton, 1999.

[54] G. P. Cachon, M. Lariviere. Supply chain coordination with revenue-sharing:

strengths and limitations [J]. Management Science, 2005, 51 (1): 30-44.

[55] J. H. Mortimer. The effects of revenue-sharing contracts on welfare in vertically separated markets: evidence form the video rental industry [R]. University of California at Los Angeles Working Paper, 2000.

[56] Y. Gerchak, Y. Z. Wang. Revenue-sharing vs. whole-price contracts in assembly systems with random demand [J]. Produnction and Operation Management, 2004, 13 (1): 23-33.

[57] 黄宝凤，仲伟俊，梅妹娥. 供应链中完美共赢收入共享合约的存在性分析 [J]. 系统工程理论方法应用，2005，14 (3): 247-251.

[58] 柳键，马士华. 供应链合作及契约研究 [J]. 管理工程学报，2004，18 (1): 85-87.

[59] 陈菊红，郭福利. Downside-risk 控制下的供应链收益共享契约设计研究 [J]. 控制与决策，2009，24 (1): 122-124.

[60] A. Tsay. Quantity-flexibility contract and supplier-customer incentives [J]. Management Science, 1999, 45 (10): 1339-1358.

[61] A. Tsay, W. Lovejoy. Quantity-flexibility contracts and supply chain performance [J]. Manufacturing and Service Operations Management, 1999, 1 (2): 89-111.

[62] J. H. Wu. Quantity flexibility contracts under Bayesian updating [J]. Computer and Operations Research. 2005, 32: 1267-1288.

[63] 何勇，吴清烈，杨德礼，肖萍. 基于努力成本共担德数量柔性契约模型 [J]. 东南大学学报，2006，36 (6): 1045-1048.

[64] F. T. S. Chan, H. K. Chan. A simulation study with quantity flexibility in a supply chain subjected to uncertainties [J]. International Journal of Computer Integrated Manufacturing, 2006, 19 (2): 148-160.

[65] T. Taylor. Channel coordination under price protection, midlife returns and end-of-life returns in dynamic markets [J]. Management Science, 2001, 47 (9): 1220-1234.

[66] T. Taylor. Coordination under channel rebates with sales effort effect [J]. Management Science, 2002, 48 (8): 992-1007.

[67] H. Krishnan, R. Kapuscinski, D. Butz. Coordinating contracts for decentralized supply chains with retailer promotional effort [J]. Management Science, 2004, 50 (1): 48-53.

[68] J. P. Monahan. A quantity discount pricing model to increase vendor profits [J]. Management Science, 1984, 30 (6): 720-726.

[69] K. H. Kim, H. Hwang. Simultaneous improvement of supplier' s profit and buyer' s cost by utilizing quantity discount [J]. Journal of the Operational Research Society, 1989, 40 (3): 255-265.

[70] R. Kohli, H. Park. Coordinating buyer-seller transactions across multiple products [J]. Management Science, 1994, 40 (8): 1145-1150.

[71] Q. Wang, Z. Wu. Improving a supplier' s quantity discount gain from many different buyers [J]. IIE Transactions, 2000, 32 (11): 1071-1079.

[72] F. Chen, A. Federgruen. Coordination mechanisms for a distribution system with one supplier and multiple retailers [J]. Management Science, 2001, 47 (5): 693-708.

[73] K. H. Hahn, H. Hwang, S. W. Shinn. A return policy for distribution channel coordination of perishable items [J]. European Journal of Operational Research, 2004, 152 (3): 770-780.

[74] S. Papachristos, K. Skouri. An inventory model with deteriorating items, quantity discounts, pricing and time-dependent partial backlogging [J]. International Journal of Production Economics, 2003, 83 (3): 247-256.

[75] C. J. Corbett, X. A. Groote. Supplier' s optimal quantity discounts policy under asymmetric information [J]. Management Science, 2000, 46 (3): 444-450.

[76] A. Burnetas, S. M. Gilbert, C. Smith. Quantity discount in single period supply contracts with asymmetric demand information. [EB/OL]. Http: //www. mccombs. utexas. edu/faculty/man/gilberts/ Papers Qdisc. pdf, 2004.

[77] B. Liu, S. F. Liu, J. Chen. Supply chain coordination with quantity discounts under the uncertain demand [C]. Proceeding of 2005 IEEE on Networking, Sensing and Control. Tucson, Arizona, March, 2005: 976-981.

[78] 高峻峻，赵先德. 弹性需求下供应链契约中的Pareto优化问题 [J]. 系统工程理论方法应用，2002，11 (1)：36-40.

[79] 赵晗萍，冯允成，姚李刚，蒋家东. 目标数量折扣下的供应链协调分析 [J]. 系统工程，2005，23 (8)：51-55.

[80] 张钦红，骆建文. 不对称信息下易腐物品供应链最优数量折扣合同研究 [J]. 系统工程理论与实践，2007，12：23-28.

[81] S. D. Barnes, Y. Bassok, R. Anupindi. Supply contracts with options: flexi-

bility, information, and coordination. Stern School of Business [R], New York University, New York, Working Paper, 2002.

[82] S. T. Christopher, K. Rajaram, A. Alptekinoglu. The benefits of advanced booking discount programs: model and analysis [J]. Management Science, 2004, 50 (4): 465-478.

[83] K. Mccardle, K. Rajarm, S. T. Christopher. Advanced booking discount Programs under retail competition [J]. Management Science, 2004, 50 (3): 701-718.

[84] 郭琼，杨德礼，迟国泰. 基于期权的供应链契约式协调模型 [J]. 系统工程，2005，23 (10)：1-6.

[85] 郭琼，杨德礼. 基于期权与现货市场的供应链契约式协调的研究 [J]. 控制与决策，2006，21 (11)：1229-1233.

[86] 胡本勇，王性玉，彭其渊. 基于双向期权的供应链柔性契约模型 [J]. 管理工程学报，2008，22 (4)：79-84.

[87] F. Chen. Echelon reorder points, installation re-order points, and the value of centralized demand information [J]. Management Science, 1998, 44 (12): 221-234.

[88] H. L. Lee, K. So, C. S. Tang. The value of information sharing in a two-level supply chain [J]. Management Science, 2000, 46 (5): 626-643.

[89] Y. Aviv, A. Federgruen. The operational benefits of information sharing and vendor managed inventory (VMI) programs [R]. Washington University, Working Paper, 1998.

[90] C. J. Corbett, C. S. Tang. Designing supply contracts: contract type and information asymmetry [J]. Management Science, 2004, 50 (4): 550-559.

[91] 王子萍，黄培清，葛静燕. 供应链管理中信息共享机制的探讨 [J]. 上海交通大学学报，2006，40 (9)：1561-1565.

[92] 唐宏祥，何建敏，刘春林. 非对称需求信息条件下的供应链信息共享机制 [J]. 系统工程学报，2004，19 (6)：589-595.

[93] 陈忠，艾兴政. 双渠道信息共享与收益分享合同选择 [J]. 系统工程理论与实践，2008，12：42-50.

[94] 晓斌，刘鲁，张阿玲. 非对称需求信息下两阶段供应链协调 [J]. 控制与决策，2004，19 (5)：515-524.

[95] V. Agrawal, S. Seshadri. Risk intermediation in supply chains [J]. Lie Trans-

actions, 2000, 32: 819-831.

[96] E. Plambeck, S. Zenios. Performance-based incentives in a dynamic principle-agent model [J]. Manufacturing and Service Operations Management, 2000, 2: 240-263.

[97] 索寒生, 储洪胜, 金以慧. 带有风险规避型销售商的供应链协调 [J]. 控制与决策, 2004, 19 (9): 1042-1044.

[98] 陈剑, 蔡连桥. 供应链建模与优化 [J]. 系统工程理论与实践, 2001, (6): 26-33.

[99] F. Chen, A. Federgruen. Mean-variance analysis of basic inventory models [D]. New York: Columbia University, 2000.

[100] X. H. Gan, S. Suresh. Supply chain coordination with a risk-averse retailer [D]. The University of Texas at Dallas, 2003.

[101] G. P. Cachon, M. A. Larivere. Capacity choice and allocation: strategic behavior and supply chain performance [J]. Management Science, 1999, 45 (8): 1091-1108.

[102] S. Lippman, K. McCardle. The competitive newsboy [J]. Operations Research, 1997, 45: 54-56.

[103] 黄祖庆, 达庆利. 基于一类两级供应链的激励机制策略研究 [J]. 管理工程学报, 2005, 19 (3): 28-30.

[104] 王勇, 陈俊芳. 供应链契约机制选择研究 [J]. 运筹与管理, 2005, 14 (2): 26-30.

[105] 田巍, 张子刚, 刘宁杰. 零售商竞争环境下上游企业创新投入的供应链协调 [J]. 系统工程理论与实践, 2008, (1): 64-70.

[106] D. Bemheim, M. Whinston. Common agency [J]. Econometrica, 1986, 54: 923-942.

[107] D. Martimort. Exclusive dealing, common agency, and multiprincipals incentive theory [J]. Rand Journal of Economics, 1996, 27: 1-31.

[108] D. Bergemann, J. Valimaki. Dynamic common agency [J]. Journal of Economics, 2003, 111: 23-48.

[109] 骆品亮, 陆毅. 共同代理与独家代理的激励效率比较研究 [J]. 管理科学学报, 2006, 9 (1): 47-53.

[110] A. Tsay, A. Agrawal. Channel conflict and coordination: an investigation of supply chain design [R]. Santa Clara University, Working Paper, 2001.

[111] 陈剑，张小洪，常炜. 双渠道多制造商供应链的 Cournot 均衡策略 [J]. 中国管理科学，2003，11：284-289.

[112] H. Tempelmeier. A simple heuristic for dynamic order sizing and supplier selection with time-varying data [J]. Production and Operations Management, 2002, 11 (4): 499-515.

[113] 李建立，刘丽文. 随机需求下基于价格折扣的两种供应链协调策略 [J]. 中国管理科学，2005，13 (3)：37-42.

[114] 刘开军，张子刚，周永红. 供应链中序贯信念修正的 Bayes 博弈模型 [J]. 中国管理科学，2006，14 (4)：50-55.

[115] D. Hochstdter. The stationary solution of multi-product inventory models [J]. Inventory Control and Water Storage, 1973, (7): 121-150.

[116] Sawik, Tadeusz. Stochastic optional control of a multi-product production scheduling with random times of supplies [J]. Control Cybernet, 1977, 6 (3): 21-35.

[117] S. J. Erlebacher. Optimal and heuristic solutions for the multi-item newsvendor problem with a single constraint [J]. Production and Operations Management, 2000, 9: 303-318.

[118] 鲁其辉，朱道立. 多产品竞争环境中最优供货决策 [J]. 管理科学学报，2005，8 (6)：43-51.

[119] 蒋敏，孟志青，周根贵. 供应链中多产品组合采购与库存问题的条件风险决策模型 [J]. 系统工程理论与实践，2007，12：29-35.

[120] 计雷，池宏，陈安. 突发事件应急管理 [M]. 北京：高等教育出版社，2006，23-25.

[121] 张存禄，黄培清，供应链风险管理 [M]. 北京：清华大学出版社，2007.

[122] A. Latour. A trial by fire: A blaze in albuquerque sets-off major crisis for cell phone giants-Nokia handles supply shock with aplomb as Ericsson gets burned [J]. The Wall Street Journal, 2001, January 29.

[123] J. Causen, J. Hansen, J. Larsen, A. Larsen. Disruption management [J]. OR/MS Today, 2001, 28 (5): 40-43.

[124] B. Thengvall, J. F. Bard, G. Yu. Balancing user preferences for aircraft recovery during airline irregular operations. IIE Transactions on Operations Engineering, 2000, 32: 181-193.

[125] J. Yang, X. Qi, G. Yu. Disruption management in production planning. Department of Management Science and Information Systems, McCombs School of Business [R]. The University of Texas, Austin, TX. 78712, Working Paper, 2005.

[126] Y. Xia, M. H. Yang, B. Golany, S. M. Gilbert, G. Yu. Real-time disruption management in a two-stage production and inventory system [J]. Lie Transactions, 2004, 36 (1): 111-125.

[127] X. T. Qi, J. F. Bard, G. Yu. Supply chain coordination with demand disruptions [J]. Omega, 2004, 32 (4): 301-312.

[128] M. H. Xu, X. T. Qi, G. Yu, H. Q. Zhang, C. X. Gao. The demand disruption management problem for a supply chain system with nonlinear demand functions [J]. Journal of System Science and System Engineering, 2003, 12 (1): 82-97.

[129] M. Xu, X. Gao. Supply chain coordination with demand disruptions under convex production cost function [J]. Wuhan University Journal of Natural Science, 2005, 10 (3): 493-498.

[130] N. E. Abboud. A discrete time Markov production inventory model with machine breakdowns [J]. Computers & Industrial Engineering, 2001, 39: 95-107.

[131] X. T. Qi, J. F. Bard, G. Yu. Disruption management for machine scheduling: the case of SPT schedules [J]. International Journal of Production Economics, 2006, 103: 166-184.

[132] H. Yu, C. H. Sun, J. Chen. Simulating the supply disruption for the coordinated supply chain [J]. Journal of Systems Science and Systems Engineering, 2007, 16 (3): 323-335.

[133] K. B. Hendricks, V. R. Singhal, R. R. Zhang. The effect of operational slack, diversification, and vertical relatedness on the stock market reaction to supply chain disruptions [J]. Journal of Operations Management, 2009, 27: 233-246.

[134] 于辉，陈剑，于刚. 协调供应链如何应对突发事件 [J]. 系统工程理论与实践，2005，7 (7)：10-16.

[135] 于辉，陈剑，于刚. 批发价契约下的供应链应对突发事件 [J]. 系统工程理论与实践，2006，8 (8)：33-41.

[136] T. J. Xiao, G. Yu, Z. H. Sheng, Y. S. Xia. Coordinating of a supply chains with one-manufacturer and two-retailers under demand promotion and disruption management decisions [J]. Annals of Operations Research, 2005, 135: 87-109.

[137] T. J. Xiao, X. T. Qi. Price competition, cost and demand disruptions and co-

ordination of a supply chain with one manufacturer and two competing retailers [J]. Omega, 2008, 36: 741-753.

[138] T. J. Xiao, G. Yu. Supply chain disruption management and evolutionarily stable strategies of retailers in the quantity-setting duopoly situation with homogeneous goods [J]. European Journal of Operational Research, 2006, 173: 648-668.

[139] 胡劲松，王虹. 三级供应链应对突发事件的价格折扣契约研究 [J]. 中国管理科学，2007，15 (3): 103-107.

[140] 雷东，高成修，李建斌. 需求和生产成本同时发生扰动时的供应链协调 [J]. 系统工程理论与实践，2006，9 (9): 51-59.

[141] 许明辉. 供应链中的应急管理 [D]. 武汉：武汉大学，2005.

[142] 冯花平. 基于多因素扰动的供应链应急协调研究 [D]. 北京：北京邮电大学，2008

[143] M. J. Maloni, W. Benton. Supply chain partnerships: opportunities for operations research [J]. European Journal of Operational Research, 1997, 101: 419-429.

[144] P. Wilson. How and small firms can grow together [J]. Long Rang Planning, 1983, 16 (2): 19-27.

[145] H. Jeffrey, Dyer. Specialized supplier networks as a source of competitive advantage: evidence from the auto industry [J]. Strategic Management Journal, 1996, 17 (4): 271-291.

[146] M. J. Maloni, W. Benton. Power influences in the supply chain [J]. Journal of Business Logistics, 2000, 21 (1): 49-74.

[147] Marcia, Peter. Quick respinse supply chain alliance in the Australia textiles clothing and footwear industry [J]. Production Economics, 1999, 62: 119-132.

[148] J. Pansiri. The effects of characteristics of partners on strategic alliance performance in the SME dominated travel sector [J]. Tourism Management, 2008, 29: 101-115.

[149] S. R. Holmberg, J. L. Cummings. Building successful strategic alliances strategic process and analytical tool for selecting partner industries and firms [J]. Long Range Planning, 2009, 42: 164-193.

[150] A. A. Gaballa. Minimum cose allocation of tenders [J]. Operational Research Quarterly, 1974, 25 (3): 389-398.

[151] S. S. Chaudhry, F. G. Forst, J. L. Zydiak. Vendor selection with price

breaks [J]. European Journal of Productional Research, 1983, 70 (1): 52-66.

[152] C. A. Weber, J. Current. A multi-objective approach to vendor selection [J]. European Journal of Operational Research, 1993, 68: 173-184.

[153] S. H. Ghodsypour, C. O' Brien. The total cost of logistics in supplier selection under conditions of multiple sourcing, muliple criteria and capacity constraint [J]. International Journal of Production Economics, 2001, 73: 15-27.

[154] V. Albino, A. C. Garavelli. A nural network application to subcontractor rating in construction forms [J]. International Journal of Project Management, 1998, 16 (1): 9-14.

[155] C. A. Weber, A. Desai. Determination of paths to vendor market efficiency using parallel coordinates representation: a negotiation tool for buyers [J]. European Journal of Operational Research, 1996, 90: 142-155.

[156] H. H. Sung, R. Krishnan. A hybrid approach to supplier selection for the maintenmance of a competitive supply chain [J]. Expert Systems with Applications, 2008, 34: 1303-1311.

[157] B. Fynes, S. Burca, J. Mangan. The effect of relationship characteristics on relationship quality and performance [J]. Production Economics, 2008, 111: 56-69.

[158] D. V. Glauco, A. Tekaya, L. W. Catherine. Asset specificity' s impact on outsourcing relationship performance: a disaggregated analysis by buyer-supplier asset specificity dimensions [J]. Journal of Business Research, 2009, doi: 10.1016/J. jbusres. 2009. 04. 019.

[159] P. C. Danny, B. Priscila, C. Oliveira. Collabroative buyer-supplier relationships and downstream information in marketing channels [J]. Industrial Marketing Management, 2009, doi: 10.1016/j. indmarman. 2009. 03. 009.

[160] 叶飞，张东川，张红. 面向虚拟企业合作伙伴选择的新过程框架结构研究 [J]. 系统工程理论与实践，2003 (11): 88-94.

[161] 陶青，仲伟俊. 合作伙伴关系中合作程度对其收益的影响研究 [J]. 管理工程学报，2002, 16 (1): 66-69.

[162] 聂茂林. 供应链合作伙伴选择的层次变权多因素决策 [J]. 系统工程理论与实践，2006 (3): 25-32.

[163] 李辉，李向阳，孙洁. 供应链伙伴关系管理问题研究现状评述及分析 [J]. 管理工程学报，2008, 22 (2): 148-151.

[164] 于辉，陈剑. 突发事件下何时启动应急预案 [J]. 系统工程理论与实践，2007，8 (8)：27-32

[165] X. Gan，S. P. Sethi，H. Yan. Coordination of supply chains with risk-averse agents [J]. Production & Operations Management，2004，13 (2)：135-149.

[166] 赵泉午，卜祥智，杨秀苔. 基于返利策略的易逝品供应链合同研究 [J]. 管理工程学报，2006，25 (1)：76-80.

[167] 郭琼，杨德礼. 需求信息不对称下基于期权的供应链协作机制的研究 [J]. 计算机集成制造系统，2006，12 (9)：1466-1471.

[168] 周永务，杨善林. 基于不对称需求信息的供应链协调定价 [J]. 系统工程学报，2006，21 (6)：591-597.

[169] G. P. Cachon. Supply chain coordination with contracts [R]. University of Pennsylvania，Working Paper，2003.

[170] 张维迎. 博弈论与信息经济学 [M]. 上海：上海三联出版社，1996.

[171] 郝旭光. 试论产品生命周期各阶段的营销策略——兼论如何延长产品的生命周期 [J]. 管理世界，1999，1：176-180.

[172] 周永务，杨善林. Newsboy 型商品最优广告费用与订货策略的联合确定 [J]. 系统工程理论与实践，2002，11：59-63.

[173] 曹细玉，宁宣熙，覃艳华. 易逝品供应链中的联合广告投入、订货策略与协调问题研究 [J]. 系统工程理论与实践，2006，3：102-107.

[174] 杨德礼，郭琼，何勇，徐经意. 供应联契约研究进展 [J]. 管理学报，2006，3 (1)：117-125.

[175] Z. Kirstin. Supply chain coordination with uncertain just-in-ime delivery [J]. International Journal of Production Economics，2002，77 (1)：1-15.

[176] 卢震，黄小原. 不确定交货条件下供应链协调的 Stackelberg 对策研究 [J]. 管理科学学报，2004，7 (6)：87-93

[177] S. M. Gilbert，V. Cvsa. Strategic commitment to price to stimulate downstream innovation in a supply chain [J]. European Journal of Operational Research，2003，150 (3)：617-639.

[178] B. Fernando，A. Federgrun. Decentralized supply chains with competing retailers under demand uncertainty [J]. Management Science，2005，51 (1)：18-29.

[179] G. B. Ermentrout，J. Rinzel. Beyond a pacemaker' s entrainment limit：phase walk-through [J]. Am. J. Physiol，1984，246：102-106.

[180] G. B. Ermentrout. An adaptive model for synchrony in the firefly pteroptyx malaccae [J]. Mathematical Biology, 1991, 29: 571-585.
[181] H. S. Steyen. Nonlinear dynamics and chaos with applications to physics, biology, chemistry and engineering [J]. Perseus Books Group Press, 1994, 103-107.
[182] 吴宗之，刘茂. 重大事故应急救援系统及预案导论 [M]. 北京：冶金工业出版社，2003.
[183] 杨静，陈建明，赵红. 应急管理中的突发事件分类分级研究 [J]. 管理评论，2005，17 (4)：37-41.
[184] 姚杰，池宏，计雷. 带有潜变量的结构方程模型在突发事件应急管理中的应用 [J]. 中国管理科学，2005，13 (2)：44-50.
[185] L. Jenkins. Determining the most informative secenarios of environment impact from potential major accidents [J]. Journal of Environmtental Management, 1999, 55: 15-25.
[186] L. Jenkins. Selecting scenarios for environmental disaster planning [J]. European Journal of Operational Research, 2000, 121 (2): 275-286.
[187] 姚杰，计雷，池宏. 突发事件应急管理中的动态博弈分析 [J]. 管理评论，2005，17 (3)：46-50.
[188] C. H. Sun, H. Yu. Supply chain contract under product cost disruption [C]. 2005 International Conference on Services Systems and Services Management, Proceedings of ICSSSM'05, 2005, v 1, 708-711.
[189] [美] 加里·S. 贝克尔. 人类行为的经济分析 [M]. 王业宇，陈琪，译. 上海：上海人民出版社，1995，109-131.
[190] 陈志祥. 激励策略对供需合作绩效影响的理论与实证研究 [J]. 计算机集成制造系统，2004，10 (6)：677-683.
[191] [美] 奥利弗·D. 哈特. 企业合同与财务结构 [M]. 费方域，译. 上海：上海人民出版社，1998.
[192] 王慧. 供应链合作伙伴关系风险探析中国市场 [J]. 中国市场，2008，10：134-136.
[193] [美] 奥利弗·E. 威廉姆斯. 资本主义经济制度 [M]. 段毅才，王伟，译. 北京：商务印书馆，2002.
[194] [法] 让·雅克·拉丰，大卫·马赫蒂摩. 激励理论委托—代理模型 [M]. 陈志俊，等，译. 北京：中国人民大学出版社，2002.

[195] E. Dockner, N. Jorgensen, L. Van. Differential games in economics and management science [M]. Cambridge: Cambridge University Press, 2000, 97-103.
[196] 姚珣，唐小我，潘景铭. 关于供应链应急事件的发生机理研究 [J]. 管理工程学报，2010，2：36-39.
[197] 姚珣，唐小我，潘景铭. 基于双向拍卖机制的供应链回购契约研究 [J]. 管理学报，2009，11（6）：1444-1448.
[198] 姚珣，唐小我，潘景铭. 基于消费者行为理论的供应链应急预案研究 [J]. 管理工程学报，2011，2（25）：8-13.
[199] 姚珣，张明善，唐小我. 基于最优成本估算的多产品供应链协调机制研究 [J]. 软科学，2011，4（25）：50-55.
[200] 姚珣，唐小我，潘景铭. 基于资产专有性的供应链伙伴关系与联盟利润模型研究 [J]. 软科学，2009，4（23）：118-122.

后　记

外部环境的风险程度对供应链管理提出了巨大的挑战：一方面，不确定性中包含着巨大的利润和商机；另一方面，它又潜藏着无数的危机与风险。因此在不同风险程度的不确定性条件下，如何通过有效的管理机制，提升供应链的整体绩效以减少风险造成的损失，是近年来学术研究的热点。本研究主要基于契约协调机制和应急管理对这个问题展开了深入地研究，并得出了一系列的结论并提出了有益的建议。

本书在编写过程中得到恩师唐小我教授的悉心指导。恩师博大精深的学识造诣和严谨认真的治学态度、虚怀若谷的崇高品格和严于律己的人格魅力、忘我奉献的敬业精神和诲人不倦的工作态度，都深深地感染和激励着我。此外，师兄潘景铭和张明善对本书的编写提出了许多建设性的意见，在此谢过。

感谢一直默默无闻关爱和支持我的父母、岳父岳母，以及姐姐及其余所有家人，是你们的无私奉献使我在这条坎坷的学术道路上坚持下来。当然，也要感谢给我无限关怀的爱人刘一静和地震期间出生的宝贝女儿玥名。在写作期间，对你们的关怀和付出太少，面对你们，我的愧疚和感激之情无法用言语表达，但我深深地体会到了你们的真爱，谢谢你们！

本书的出版还得到了西南民族大学优秀学术专著出版基金资助，在此一并致以衷心感谢！